HOLOCAUSTO
OS EVENTOS E SEU IMPACTO SOBRE PESSOAS REAIS

ANGELA GLUCK WOOD

Para Ryan
pela memória e esperança

Um livro Dorling Kindersley
www.dk.com
Título original: Holocaust
Copyright © Dorling Kindersley Limited, 2007
A Penguin Company

Citações extraídas de testemunhos prestados à USC Shoah Foundation
Institute for Visual History and Education

Amarilys é um selo editorial Manole.

Este livro contempla as regras do Novo Acordo Ortográfico da Língua Portuguesa de 1990, que entrou em vigor no Brasil.

Editor-gestor: Walter Luiz Coutinho
Editor: Enrico Giglio
Produção editorial: Marcia M. Men
Design de capa: Sophia Tampakopoulos-Turner

Dados Internacionais de Catalogação na Publicação (CIP)
(Câmara Brasileira do Livro, SP, Brasil)

> Wood, Angela Gluck
> Holocausto : os eventos e seu impacto sobre pessoais reais / Angela Gluck Wood ; tradução de Vítor Eduardo A. Ribeiro. -- Barueri, SP : Amarilys ; Londres : Dorling Kindersley, 2013.
>
> Título original: Holocaust.
> ISBN 978-85-204-3508-3
>
> 1. Antissemitismo 2. Guerra Mundial, 1939-1945 - Judeus 3. Holocausto judeu (1939-1945) 4. Judeus - Perseguições 5. Nazismo I. Título.
>
> 12-10623   CDD-940.5318
>
> Índices para catálogo sistemático:
> 1. Holocausto judeu : Guerra Mundial, 1939-1945 : História 940.5318

Todos os direitos reservados.
Nenhuma parte deste livro poderá ser reproduzida, por qualquer processo, sem a permissão expressa dos editores.
É proibida a reprodução por xerox.

A Editora Manole é filiada à ABDR – Associação Brasileira de Direitos Reprográficos

1ª edição brasileira – 2013

Editora Manole Ltda.
Avenida Ceci, 672 – Tamboré
06460-120 – Barueri – SP – Brasil
Tel. (11) 4196-6000 – Fax (11) 4196-6021
www.manole.com.br | www.amarilyseditora.com.br
info@amarilyseditora.com.br

Impresso em Hong Kong | *Printed in Hong Kong*

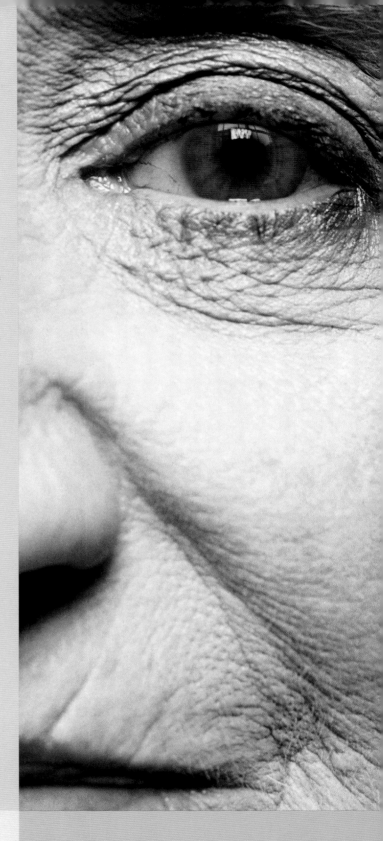

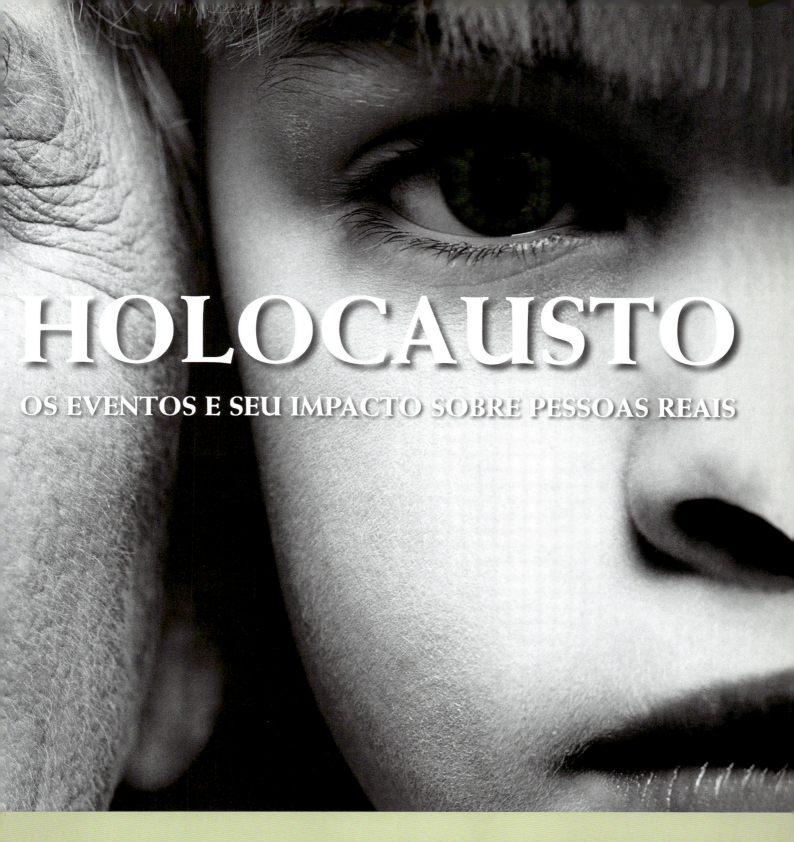

HOLOCAUSTO
OS EVENTOS E SEU IMPACTO SOBRE PESSOAS REAIS

ANGELA GLUCK WOOD

7 Prefácio de *Steven Spielberg*

OS JUDEUS DA EUROPA

10 As origens dos judeus
12 Os judeus sefarditas
14 Os judeus asquenazitas
16 O mundo do *shtetl*
18 Vozes: a vida no *shtetl*
20 Iluminismo e emancipação
22 Vida judaica na Europa
24 A história do antissemitismo

DOMÍNIO NAZISTA

30 O legado da I Guerra Mundial
32 Preparando o terreno
34 Apoio popular
36 Entrando pela porta dos fundos
40 Vozes: a Alemanha nazista
42 O Terceiro Reich
44 Propaganda nazista
46 A ascensão do antissemitismo
50 Vozes: os judeus sob o domínio nazista
52 Vítimas do nazismo
54 II Guerra Mundial

OS GUETOS

58 A noção de gueto
62 Sofrimento e miséria
64 Organizações nos guetos
66 Vida cultural e resistência espiritual
68 Vozes: a vida nos guetos
70 Extinção dos guetos
72 Vozes: extinção dos guetos
74 O levante do gueto de Varsóvia
76 O arquivo Ringelblum

O ASSASSINATO DAS VÍTIMAS

80 A rota até os campos de extermínio
82 Campos de concentração na Alemanha
84 Os judeus da União Soviética
88 Os judeus da Romênia
90 A Solução Final
94 Campos de trabalho forçado
96 Colaboração
98 Encurralando as vítimas
100 Vozes: campos de trânsito
102 Campos de extermínio
104 A vida nos campos
106 Vozes: nos campos de extermínio
108 Auschwitz
112 Os judeus da Hungria

AGARRANDO-SE À VIDA

- 116 Tentando escapar
- 118 Esforços judaicos no resgate a judeus
- 120 Os esforços mundiais para resgatar as vítimas
- 122 Vozes: o *Kindertransport*
- 124 Escondendo e ajudando judeus
- 128 Vozes: vida na clandestinidade
- 130 As igrejas
- 132 Os Aliados
- 134 Fuga para as florestas
- 136 Enganando a morte

O FIM DA GUERRA

- 140 Marchas da morte
- 142 Vozes: suportando as marchas da morte
- 144 Libertação dos campos
- 148 Vozes: exércitos de libertação
- 150 Administração da crise
- 152 Campos para pessoas desalojadas
- 154 Tentando reconstruir a vida
- 156 Os destinos dos sobreviventes
- 158 Vozes: recomeçando a vida

AS CONSEQUÊNCIAS

- 162 Contabilizando as perdas
- 164 Novos começos
- 166 Vozes: os sobreviventes se recordam
- 168 Julgamentos de crimes de guerra
- 170 Vozes: os nazistas em julgamento
- 172 Propriedades roubadas e compensação
- 174 Os campos hoje em dia
- 176 Memoriais, museus, educação
- 178 Histórias dos sobreviventes
- 182 Grandes questões
- 186 Glossário
- 188 Índice remissivo
- 191 Créditos e agradecimentos

SUMÁRIO

A missão do Instituto de História Visual e Educação da Fundação Shoah da University of Southern California (USC) é superar o preconceito, a intolerância e o extremismo – além do sofrimento causado por eles – por meio do uso educativo de vídeos de testemunhos históricos pertencentes ao Instituto. Com cerca de 52.000 depoimentos em vídeo dos sobreviventes do Holocausto e de outras testemunhas, coletados em 32 línguas em mais de 56 países, um dos objetivos principais é prover pessoas de todo o mundo com o mais amplo acesso possível a estes testemunhos. Nas páginas deste livro e no DVD que o acompanha, você encontrará relatos de vítimas e de testemunhas do Holocausto, retirados dos arquivos do Instituto.

🔘 Este símbolo aparece ao longo de todo o livro, após algumas citações de sobreviventes e testemunhas depoentes, indicando que o DVD contém trechos do testemunho daquela pessoa em particular.

O LIVRO QUE VOCÊ TEM em mãos é único. Ao mesmo tempo em que é um respeitável registro sobre o Holocausto que combina textos e imagens de um modo totalmente incomum, também é um registro humano da Shoah e de seu significado. As páginas que se seguem são repletas de estatísticas e fatos, muitos deles apavorantes. Mas estas páginas contêm também rostos e palavras de homens e mulheres que sobreviveram ao mundo homicida da Europa dominada pelo regime nazista.

Você também encontrará outro elemento singular junto ao volume: um DVD contendo entrevistas em vídeo de muitos dos sobreviventes cujos nomes estão nestas páginas. Esses homens e mulheres falaram de suas experiências de modo direto e cândido às câmeras e microfones do Instituto de História Visual e Educação da Fundação Shoah da University of Southern California (USC).

O trabalho do Instituto – que foi originalmente designado Fundação de História Visual dos Sobreviventes da Shoah – é o trabalho profissional mais importante de minha vida. Sinto-me profundamente orgulhoso por sua realização e verdadeiramente emocionado por você, leitor, ter a oportunidade de aprender sobre o Holocausto por meio do conjunto de testemunhos recolhidos para este livro e para o DVD que o acompanha.

Steven Spielberg

PREFÁCIO
DE STEVEN SPIELBERG

OS JUDEUS DA EUROPA

Por mais de 2.000 anos o povo judeu viveu em pequenas comunidades espalhadas por toda a Europa, mas foi só a partir do século XVIII que pôde desempenhar um papel mais importante na sociedade. O polo de atração central da população judaica sempre foi a sinagoga, e mesmo os judeus não praticantes ainda se sentem parte dessa comunidade e de sua história.

A cerimônia da Passagem (*Pessach*)
A vida em família sempre foi importante para o povo judeu. Todo ano as famílias se reúnem para celebrar o festival da Passagem e relembrar o tempo em que seus ancestrais eram escravos no Egito, até que Deus os libertou. Esta ilustração do século XV mostra o jantar cerimonial desta comemoração, chamado *Seder*, durante o qual os judeus contam histórias, entoam canções, rememoram e recontam a experiência de haver escapado da escravidão.

EUROPA

- **c. 33** —
- **70** — Depois de os romanos destruírem o Templo em Jerusalém, os judeus são forçados a abandonar a Judeia para viver em comunidades espalhadas pela Europa e pelo mundo
- **100** —
- **c. 400** — O cristianismo torna-se a religião oficial do Império Romano
- **622** —
- **c. 700** — Muçulmanos do norte da África conquistam a Espanha
- **c. 900** — Começo da Era de Ouro da Espanha, com liberdade religiosa sob o domínio muçulmano
- **1099** —
- **1271** —
- **1347** — Entre 1347 e 1353 a Peste Negra (peste bubônica) aniquila um terço da população da Europa
- **1450** — A prensa de tipos móveis é inventada na Alemanha por Johannes Gutenberg
- **1453** —

MUNDO

- **c. 33** — Surgimento da Igreja Cristã
- **100** — Oriundo do subcontinente indiano, o budismo espalha-se pela China
- **622** — Ascensão do Islã, que se espalha por toda a Península Arábica
- **1099** — Cruzados cristãos capturam Jerusalém, matando milhares de muçulmanos e judeus
- **1271** — O explorador italiano Marco Polo chega à China
- **1453** — Constantinopla (atual Istambul), a capital do Império Romano do Oriente, é tomada pelos turcos otomanos

Ano	Evento
	Começo da Reforma Protestante da Igreja Católica
	Unificação da Alemanha – os estados do norte e do sul juntam-se para formar o Império Alemão
	Primeiro Congresso Sionista é realizado na Suíça
1492	Por um édito real, judeus e muçulmanos são expulsos da Espanha
1789	A Revolução Francesa promove o fim do domínio monárquico na França
1815	O mapa da Europa é redefinido durante o Congresso de Viena
1894	O escândalo político do caso Dreyfus expõe o antissemitismo na França
1933	Adolf Hitler torna-se chanceler da Alemanha

1492 · 1517 · 1518 · 1620 · 1789 · 1791 · 1815 · 1871 · 1894 · 1897 · 1914 · 1917 · 1933 · 1939

- 1518 — Europeus transportam os primeiros escravos africanos para as Índias Ocidentais
- 1791 — Os judeus russos são obrigados a viver numa área restrita conhecida como "Zona de Assentamento"
- 1914 — Tem início a I Guerra Mundial (vai até 1918)
- 1939 — Tem início a II Guerra Mundial (vai até 1945)
- 1492 — O navegador espanhol Cristóvão Colombo comanda a expedição espanhola e alcança a terra posteriormente denominada "América"
- 1620 — Dissidentes religiosos ingleses partem no navio *Mayflower* para a Virgínia, nos Estados Unidos
- 1917 — A Revolução Russa vê o tsar abdicar ao trono e os bolcheviques (comunistas) assumem o poder

AS ORIGENS DOS JUDEUS

Embora as origens dos judeus remontem ao Oriente Médio, atualmente há comunidades judaicas em diversos países, sendo as maiores em Israel, na América do Norte e na Europa. No decurso dos séculos, os judeus da Europa foram expulsos das terras em que haviam se fixado e forçados a buscar outras moradas. Este fenômeno deu origem à expressão "judeu errante".

Nas terras de Israel

O povo judaico surgiu como escravo no Egito há cerca de 3.000 anos, até que, como se acredita, Deus o libertou e prometeu-lhe uma terra própria, chamada de Israel. Na sua capital, Jerusalém, eles construíram o Templo como um centro para cultos e obras de caridade. Atualmente, em Israel, ainda pode-se encontrar um enorme modelo da cidade ancestral, exibindo a beleza do Templo.

A deportação para a Babilônia

Há cerca de 2.500 anos, os babilônios invadiram Jerusalém, destruíram o Templo e levaram consigo os judeus instruídos e capacitados. Séculos mais tarde, quando a Babilônia tornou-se a Pérsia, os judeus viram-se novamente sob ameaça. Mas o rei da Pérsia, Assuero, era casado com uma judia, Ester. Como demonstra esta imagem, ela rogou para que o marido poupasse a vida do povo judaico.

O exílio sob o domínio romano

Ao retornar do exílio, os judeus reconstruíram Jerusalém e o Templo, mas enfrentaram inúmeras invasões. Há cerca de 2.000 anos, foi a vez dos romanos ocuparem suas terras. Os judeus foram submetidos ao jugo dos invasores e no ano 70 d.C. o segundo Templo e a maior parte de Jerusalém foram destruídos. Este arco em mármore, que fica em Roma, mostra os judeus sendo obrigados a carregar o candelabro que os romanos roubaram do Templo.

Migração judaica na Europa

→ Expulsão
→ Dispersão
→ Migração

As datas nos quadros de cor laranja marcam as grandes expulsões dos judeus da Grã-Bretanha, da França e da Espanha.

A dispersão dos judeus pela Europa

Quando Jerusalém caiu sob o domínio romano em 70 d.C., alguns judeus fugiram para a Babilônia e lá se juntaram à comunidade judaica já existente. Outros foram para o Norte da África e Espanha. A maioria foi deportada para Roma ou fixou-se em outras partes da Europa como refugiados. Este mapa mostra as principais migrações dos judeus desde aquela época até hoje.

O Reno e o Ródano

As colônias judaicas na Europa estabeleceram-se principalmente às margens de rios, para facilitar viagens e comércio. Aquelas ao redor do Reno (Alemanha) e do Ródano (França) tornaram-se centros da cultura judaica. Esta xilogravura alemã representa um candelabro especial sendo aceso para o festival de inverno de *Hanukkah*.

Um convite e um mapa

Em 1264, uma carta do rei da Polônia, Boleslau II, o Temerário, garantiu proteção aos judeus, que foram convidados a permanecer como administradores na área que hoje pertence a Lituânia, Bielorrússia e Ucrânia. O rio Vístula (acima), pelo qual eles navegavam, tornou-se um símbolo de suas idas e vindas à Polônia.

A vida dos judeus na Espanha

Os judeus sefarditas – aqueles da Espanha – experimentaram uma Era de Ouro durante o domínio islâmico. Apesar de nunca terem sido tratados como iguais pelos muçulmanos, eles eram livres para a prática do judaísmo e, assim, a cultura judaica floresceu. Sob o posterior domínio cristão, entretanto, a maioria dos judeus foi forçada a se converter ao cristianismo ou morrer – os remanescentes da população judaica foram expulsos em 1492. Uma família levou consigo este delicado volume, pintado à mão, sobre a Passagem.

Calorosa recepção

Em 1492, a notícia do banimento dos judeus da Espanha chegou ao Império Otomano (Turco). O sultão Beyazit II, na imagem ao lado, ofereceu proteção aos judeus em seu império e os recebeu pessoalmente no porto. A maioria dos judeus permaneceu e prosperou na porção europeia do império. Muitos dos médicos do sultão eram judeus e foram eles que montaram as primeiras prensas mecânicas.

OS JUDEUS SEFARDITAS

A PALAVRA HEBRAICA PARA ESPANHA é *Sefarad*, e judeus sefarditas são aqueles originários de Espanha e Portugal. Sob o domínio islâmico, as relações entre judeus e muçulmanos eram boas; entretanto, sob o domínio cristão houve enorme pressão para que os judeus se convertessem. Em 1492, tanto judeus quanto muçulmanos foram expulsos da Espanha e o povo judaico migrou para países muçulmanos e para a Holanda.

Maimônides
O intelectual rabino Moshe ben Maimon ficou mais conhecido como Maimônides. Ele nasceu no século XII, em Córdoba, na Espanha, onde fica esta estátua de sua figura. Maimônides desenvolveu boas relações com eruditos e líderes muçulmanos e era muito respeitado por seus conhecimentos em medicina, filosofia, línguas e, especialmente, em leis judaicas.

Uma vida secreta
Gracia Mendes foi uma abastada viúva judia que viveu em Portugal durante o domínio cristão. Ela permaneceu no país vivendo uma vida judaica secreta, ao mesmo tempo em que usava seu dinheiro e contatos para ajudar judeus, então forçados a se converter ao cristianismo, a fugir. Ela foi saudada como heroína. Esta imagem moderna que a retrata é obra de uma artista americana.

A linguagem ladina
Quando os judeus espanhóis e portugueses migraram para regiões como a Turquia e os Balcãs, eles continuaram a usar seus antigos idiomas. Essa língua de origem latina era chamada de "ladina" e tornou-se a língua unificadora dos judeus sefarditas na Europa. Muitos dos judeus falantes do ladino foram assassinados no Holocausto, e atualmente pouquíssimos falam a língua. Contudo, ainda há muito interesse no mundo pela poesia e pela música ladina.

Uma educação abrangente
Os sefarditas valorizam o estudo tradicional, logo, onde quer que as escolas os barrassem, as comunidades judaicas estabeleciam suas próprias escolas. No fim do século XIX, a Alliance Israélite Universelle, organização judaica sediada em Paris, propiciou a abertura de escolas modernas em várias partes do mundo, inclusive no Marrocos (acima). Essas escolas combinavam a educação religiosa e o ensino secular com o de habilidades práticas.

Sinagogas sefarditas

Em sociedades muçulmanas, as sinagogas assemelhavam-se, em muitos aspectos, a mesquitas, e por vezes empregavam formas geométricas e padrões em espiral típicos da arte islâmica. Em sociedades cristãs, a arte e a arquitetura das sinagogas assemelhavam-se mais às das igrejas. Esta sinagoga sefardita em Florença, na Itália, construída em 1892, possui algumas das características de igrejas do período, assim como domos e decoração típicos de mesquitas.

Aproximadamente 250.000 judeus foram expulsos da Espanha. Não foi permitido que levassem consigo dinheiro ou bens.

Casamento sefardita

Muitos judeus sefarditas, em especial no norte da África, iniciam as comemorações do casamento dias antes da cerimônia de fato, com festas separadas para a noiva e para o noivo. Aqui, as amigas e parentes da noiva sefardita cantam e dançam em sua honra. Festas para o casal, já juntos, são realizadas na semana após a sagração do matrimônio.

OS JUDEUS ASQUENAZITAS

ASHKENAZ É A ANTIGA PALAVRA hebraica para a Alemanha. Quando os judeus foram expulsos da Alemanha durante a Idade Média, aqueles que se encontravam nas regiões norte, central e leste da Europa passaram a ser reconhecidos pelo título de asquenazitas. A língua das comunidades asquenazitas era o iídiche, que tinha como base o alemão medieval, com algumas expressões em hebraico e palavras de línguas das regiões onde os judeus se fixaram.

Os judeus asquenazitas em Praga

A partir do século XI, muitos asquenazitas fixaram-se em Praga, capital da República Tcheca. A cidade tornou-se famosa por sua tradição de erudição judaica e hospitalidade, e ficou conhecida como "uma cidade e uma mãe em Israel" – Israel significando a família estendida da população judaica. Como mostra esta pintura datada do século XIX, o relógio no topo do edifício da Câmara em Praga ostenta dígitos hebraicos e seus ponteiros correm em sentido anti-horário, à maneira como a língua hebraica é lida, da direita para a esquerda. O edifício à esquerda é a Sinagoga Velha-Nova do bairro judeu de Josefov, em Praga (*Altneu Shul*, em iídiche), a sinagoga mais antiga ainda em funcionamento na Europa.

O Golem de Praga

No século XVI, uma série de desastres ameaçava a comunidade judaica de Praga. O folclore asquenazita relata como o rabino da cidade, Judah Levi, criou um ser artificial e inanimado, feito de argila e semelhante à figura humana conhecido em iídiche como *golem*, que tinha o poder de salvá-los. Essa lenda serviu de base para o filme alemão de 1920, *O Golem* (acima).

Rashi de Troyes

O mais respeitado escritor dentre os asquenazitas foi o rabino Shlomo Yitzhak, conhecido como Rashi, que viveu em Troyes, na França, durante o século XI. Seus comentários sobre a Bíblia foram muito influentes em sua época e continuam a sê-lo nos dias atuais. Neste monumento, em Troyes, estão esculpidas as letras hebraicas para "Rashi", e através delas brilha uma forte luz, simbolizando o legado de Rashi, que iluminou o nome de sua cidade natal para todo o mundo.

A comunidade judaica na Alemanha

Desde o século IV, os judeus eram valorizados na Alemanha como mercadores que mantinham contato com outras comunidades por toda a Europa. Eles viviam em harmonia com não judeus e eram livres para a prática de sua religião. Esta antiga xilogravura mostra uma família judia limpando sua morada de modo minucioso para o festival da Passagem. Contudo, a partir do século XI, o antissemitismo cristão levou à violência contra judeus, e suas comunidades passaram a sofrer perseguição de cidade em cidade. Embora a presença de judeus na Alemanha sempre tenha se verificado historicamente, em torno do século XV o centro do mundo judaico passou a ser a porção oriental da Europa.

A comunidade judaica britânica

Embora houvesse judeus na Inglaterra já por volta do século XI, eles foram expulsos pelo Rei Eduardo I em 1290. Contudo, em 1656, um grupo de judeus sefarditas da Holanda, cujas famílias haviam abandonado a Espanha em 1492, pôde se fixar na Inglaterra. De 1881 em diante, houve também uma onda de migração de judeus asquenazitas que deixavam o território do Império Russo. Atualmente, judeus britânicos se veem como capazes e dispostos a atuar de forma integrada na sociedade britânica. Esta foto de 1920 mostra um garoto judeu em Londres brincando de condutor de ônibus; a fantasia inclui até o furador de passagens.

CAPÍTULO UM
OS JUDEUS DA EUROPA

Vida no *shtetl*
Dentro da comunidade de um *shtetl*, as leis e os costumes judaicos eram mantidos com grande dedicação, mas no final do século XIX alguns judeus começaram a desafiar e a questionar essa obediência. Marc Chagall (1887-1985) cresceu em um *shtetl* na Rússia durante esse período e se tornou um artista famoso depois de se mudar para Paris. Ainda em suas primeiras pinturas, tais como *Sobre Vitebsk*, 1914, relembra e reflete com afeição sobre a vida no *shtetl*, incluindo oníricos personagens voadores.

O MUNDO DO SHTETL

SHTETL É A PALAVRA EM IÍDICHE para "pequena cidade" ou "vila" na Europa Oriental e na Rússia, ou a seção judaica dentro de uma cidade onde todos os demais cidadãos são cristãos. O mundo do *shtetl* começou a desaparecer na Era Moderna e foi varrido pela ocupação nazista durante o Holocausto. A vida no *shtetl* era de pobreza e dificuldades, mas também oferecia calorosa vida familiar, forte senso de comunidade e uma profunda devoção religiosa. Muitos dos que viveram em um *shtetl* relembram-se dele com grande afeto.

Zona de Assentamento

Havia um forte ressentimento contra judeus nas cidades russas, então Catarina, a Grande, decidiu removê-los do território russo. Em 1791, ela designou uma área específica para assentamentos onde 90% dos judeus russos foram obrigados a viver. Havia pesada discriminação: os judeus pagavam impostos em dobro, eram proibidos de ter acesso à educação superior ou de arrendar terras, além de serem vítimas de violentos ataques. Embora muitos tentassem deixar a região, em 1910 os assentamentos ainda contavam com mais de cinco milhões de judeus. A Revolução Russa de 1917 decretou o fim da existência dessa área.

Zona de Assentamento

"Bom Shabat!"

No *shtetl*, o ritmo da semana era centrado em torno do *Shabat* judaico, o período entre o pôr do sol da sexta-feira e o pôr do sol do sábado – um dia de descanso que começa com a mãe acendendo as velas para espalhar luz e amor por todo o lar. O cumprimento em iídiche *"Gut Shabbes!"* significa "Tenha um bom *Shabat*!" Esta cena do filme *Um violinista no telhado* é um episódio típico do *Shabat*.

A sala de aula

Heder é a palavra em hebraico e iídiche para "sala", mas se refere especificamente à sala de aula onde garotos – e às vezes garotas – recebiam a educação formal judaica, em continuidade ao que aprendiam em casa. Ir às *heder* incluía aprender a ler em hebraico e estudar a Torá e outros textos tradicionais, assim como estes garotos estão fazendo.

Cena das ruas

Com as restrições impostas aos judeus, a maioria podia trabalhar apenas como artesãos, como alfaiates, por exemplo, ou como comerciantes e vendedores ambulantes. Por vezes, famílias inteiras trabalhavam para garantir o sustento e talvez poder comprar frango ou peixe para a ceia do *Shabat*. O único lugar onde judeus e cristãos usualmente se viam era em mercados. Esta foto de 1916 mostra dois judeus carregando água num pequeno *shtetl* na Polônia.

O papel da sinagoga

O ponto central da vida no *shtetl* era o *shul* – palavra em iídiche para "sinagoga", o centro da vida comunitária judaica, lugar para preces diárias, para o estudo do judaísmo e para ocasiões sociais, como casamentos. Muitos *shuls* eram simples, mas se uma comunidade pudesse arcar com os custos, eram erigidos edifícios caprichosamente ornados – como este na Polônia, abandonado após o Holocausto, mas que agora foi restaurado.

Hassidismo

Um novo movimento emergiu na Europa Oriental durante o século XVIII, um novo jeito de ser judeu. Este movimento foi inspirado pelo rabino Baal Shem Tov, apelidado de Besht, "o senhor de boa fama". Ele chamou seus seguidores de *hassidim*, os piedosos. Besht era contrário ao ensino calcado somente em livros e a favor de que judeus expressassem seus sentimentos de alegria e devoção a Deus, cantando e dançando com entusiasmo, como estes *hassidim*.

VOZES
A VIDA NO *SHTETL*

Por séculos, judeus viveram pela Rússia e Europa Oriental em pequenas aldeias e vilarejos conhecidos como *shtetl*. Embora tenham vivido períodos de antissemitismo, por anos a maioria dos judeus viveu em paz, sem sentimentos hostis por parte de seus vizinhos cristãos. Posteriormente o antissemitismo ressurgiu e eles outra vez se tornaram alvo de discriminação. Aqui, algumas pessoas se recordam de suas infâncias.

"Quando eu era pequeno, a vida era maravilhosa para nós. A cidade era pequena e muito religiosa e, para a maioria dos judeus, a vida gravitava em torno da sinagoga. Isso significa que quando acordávamos de manhã, bem cedo, às quatro ou cinco horas, íamos para a heder e de lá voltávamos para casa para tomar o café. Depois íamos à escola normal com as demais crianças, inclusive as não judias. Era uma comunidadezinha excelente. E depois que voltávamos da escola, íamos novamente à heder, onde ficávamos até tarde da noite. Assim era a vida quando eu era pequeno..."

"Os gentios costumavam se espantar conosco porque nos importávamos muito com questões religiosas, como detalhes da alimentação, do Shabat, e ainda porque ensinávamos hebraico às crianças. Eles tinham raiva de nós por nossa teimosia, como eles diziam, e nos ridicularizavam e caçoavam das nossas coisas mais sagradas. Também havia gente sábia que nos compreendia. Estes eram sempre respeitosos e admiravam abertamente alguns de nossos costumes. Mas a maioria das pessoas era ignorante. Havia uma coisa, contudo, que os gentios sempre entendiam: o dinheiro. Eles aceitavam todo tipo de suborno. Em Polotsk, a paz tinha um preço anual. Se você não mantivesse boas relações com os vizinhos gentios, eles tinham centenas de meios de importuná-lo. Se você espantasse os porcos deles quando vinham destruir seu jardim, ou reclamasse porque as crianças deles estavam maltratando as suas, eles podiam fazer uma queixa a seu respeito para a polícia, acrescentando ao caso falsas acusações. Se você não tivesse amizade com a polícia, um caso desses poderia ir a julgamento, e com certeza perderíamos a causa antes mesmo do julgamento começar, a menos que o juiz tivesse razões para ser-lhe amigável."

Mary Antin
(Nascida na Rússia, em 1881)
Depois do assassinato de Alexandre II, em 1881, a família Antin vivenciou muitos massacres na Rússia. Eles mudaram-se para os Estados Unidos.

Peter Hersch
(Nascido na Tchecoslováquia, em 1930)
Peter teve uma infância feliz, mas depois perdeu toda sua família, exceto a irmã, no Holocausto.

"Jasionowka era um pequeno vilarejo como outros milhares na Europa Oriental na Zona de Assentamento. Em iídiche, ele era chamado shtetl e creio que tenha sido o escritor judeu Shalom Aleihem quem disse: 'Se você quiser saber como era o mapa da Europa Oriental no shtetlach, imagine um challah todo coberto de sementes de papoula'. Era assim que se distribuíam os pequenos vilarejos judaicos por toda a Europa Oriental... Jasionowka não tinha eletricidade, nem vias pavimentadas. As casas não eram mais que choupanas, muitas apenas com piso de terra, algumas com piso de madeira. Não havia água potável. A água tinha de ser trazida de um poço, a lenha tinha de ser cortada e trazida para dentro para nos aquecer e cozinhar, e a vida era muito dura. Como minha mãe conseguiu criar oito filhos e manter todos eles vestidos e alimentados, eu não faço ideia... Foi uma infância maravilhosa e acho que a sensação de segurança e de alegria proporcionada por minha infância foi certamente o que me fortaleceu para suportar as dores do Holocausto e os anos difíceis que se seguiram. Acredito que se não tivesse tido aquela força e aquela estabilidade, eu provavelmente não teria sobrevivido."

"Nas sextas-feiras à tarde, minha mãe colocava numa panela vermelha específica feijão, que tinha ficado de molho desde a noite anterior, cevada, cebolas, tutano e tempero, junto a alguns ovos crus ainda na casca. Então eu era mandado à padaria com a panela nas mãos e pacientemente instruído a colocar água até um ponto marcado dentro da panela, mas só quando chegasse lá. Dezenas de crianças tomavam o mesmo destino com a mesma incumbência. Nós dávamos ao padeiro algumas moedas e olhávamos enquanto ele colocava as panelas no forno aquecido onde ficariam cozinhando de maneira lenta e uniforme até o dia seguinte. Assim, uma refeição quente estaria garantida para o Shabat sem precisar acender o fogão e cozinhar em casa. Para minha cabeça de criança, e até hoje, ainda vejo isso como um milagre: quando voltávamos depois da sinagoga, lá estavam centenas de panelas fora do forno, dispostas no chão, e eu sempre conseguia achar a panela certa com aquela pequena lasquinha e levar a refeição certa, com o gosto certo, para a casa certa na hora certa."

Bernard Schuster
(Nascido na Polônia, em 1928)
Bernard ficou clandestino durante toda a guerra e perdeu muitos familiares no Holocausto.

Hugo Gryn
(Nascido na Tchecoslováquia, em 1930)
A família de Hugo foi enviada a Auschwitz, mas ele e sua mãe sobreviveram. Mais tarde, ele se tornou um rabino.

OS JUDEUS DA EUROPA — CAPÍTULO UM

ILUMINISMO E EMANCIPAÇÃO

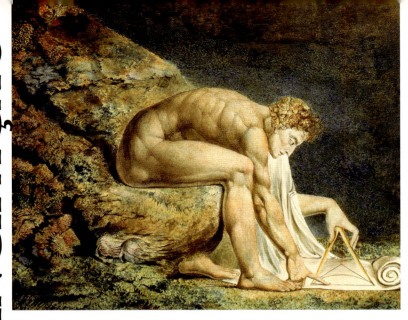

A Era do Iluminismo
Nos séculos XV e XVI, os europeus começaram a questionar crenças tradicionais e a desafiar os ensinamentos da Igreja. Lutava-se por liberdade de expressão e pensamento. Neste quadro de 1795, o artista inglês William Blake retrata o grande cientista Isaac Newton, no estilo da arte sacra, como um *designer* cósmico.

A Revolução Francesa
O *slogan* deste cartaz da Revolução Francesa, em 1789, diz "Liberdade, fraternidade e igualdade – ou morte". Isso se refere ao tempo em que o rei e os aristocratas foram depostos, com a França tornando-se a primeira república na Europa baseada nos "direitos do homem e do cidadão".

QUANDO A IDADE MÉDIA CHEGOU AO FIM, uma nova atmosfera se estabeleceu na Europa. Avanços na ciência e na tecnologia mudaram a vida das pessoas, e viagens de descobrimento conscientizaram os europeus a respeito da existência de outras culturas em várias partes do mundo. As pessoas passaram a olhar para os séculos anteriores como uma Idade das Trevas e acreditavam estar na era da luz e da emancipação, com muitas possibilidades no horizonte.

Retrato positivo
Esta peça de 1779, do dramaturgo, poeta e filósofo Gotthold Ephraim Lessing, cristão alemão, explora o tema da tolerância religiosa e questiona se é ou não possível que alguém conheça a verdade com absoluta certeza. O personagem principal é um judeu, que é retratado de modo positivo, o que era extremamente raro na literatura, na arte ou no teatro europeus. Lessing provavelmente baseou *Nathan, o Sábio* em Moses Mendelsohn, um amigo judeu.

Reforma do judaísmo
A grande sinagoga da Rua Dohany, em Budapeste, Hungria, é típica do estilo de sinagogas Neolog ou reformadas. É grandiosa, ousada e moderna para seu tempo. A reforma do judaísmo começou na Alemanha em 1800 como um meio de ajudar os judeus a serem ao mesmo tempo modernos e tradicionais na prática do judaísmo. Isso foi feito ao se enfatizar as crenças e os valores judaicos fundamentais.

Emancipação da Europa

- Emancipação antes de 1800
- Emancipação entre 1800–1850
- Emancipação entre 1850–1900
- Emancipação após 1900

Emancipação política

Depois da Revolução Francesa, os judeus na França receberam *status* de igualdade em relação aos outros cidadãos franceses, desde que jurassem lealdade ao Estado e que não esperassem receber um tratamento diferente dos outros. O Édito de Tolerância publicado na Alemanha fazia promessa semelhante. Gradualmente, os judeus estavam recebendo sua emancipação política por toda a Europa – a liberdade de ser cidadãos plenos.

O sonho de Sião

Como os judeus ainda enfrentavam preconceitos na vida cotidiana, muitos sentiam que somente na terra natal, Sião – outro nome para Jerusalém ou Israel – poderiam gozar de igualdade e liberdade. Sionistas pioneiros, como estes homens e mulheres, iniciaram sua trajetória para a terra prometida a partir de 1881. Eles trabalharam duro para realizar o antigo sonho de "fazer o deserto florescer".

Terra e linguagem

Este recente selo israelense leva a imagem de Ben Yehuda, o pai do hebraico moderno. Nascido na Lituânia, no século XIX, ele e sua esposa emigraram para a Palestina em 1881. Acreditando que uma nação que vive em suas próprias terras deve falar sua língua própria, ele reavivou o hebraico falado, introduzindo palavras modernas a este idioma.

Iluminismo na Europa Oriental

Em fins do século XIX, as ideias iluministas da Europa Ocidental atingiram a Europa Oriental e a Rússia, influenciando o *haskalah* – o movimento iluminista judeu. A educação secular, possibilitada aos judeus, foi considerada um grande benefício. Um centro importante do *haskalah* era Odessa, na Rússia, onde esta família vivia – ler um jornal em russo nunca teria sido possível aos judeus antes do *haskalah*.

VIDA JUDAICA NA EUROPA

NA IDADE MÉDIA, líderes europeus permitiram que os judeus se assentassem em suas terras, e chegaram até a encorajar esses assentamentos quando as habilidades dos judeus eram necessárias. Alguns trabalhavam nas cortes de nobres como músicos, diplomatas ou intérpretes. No final do século XVIII, muitos países europeus começaram a abolir leis antissemitas – um período que ficou conhecido como Emancipação – e judeus puderam então participar de várias dimensões da vida social europeia.

Os judeus na Idade Média
A Igreja Católica medieval não permitia que judeus fossem proprietários de terras ou tivessem ocupações profissionais. Também proibia os cristãos de emprestar dinheiro cobrando juros, mas não de tomar dinheiro emprestado. Dessa forma, cristãos recorriam a judeus como fontes de empréstimo, como mostra essa xilogravura alemã do século XV.

Nos anos de 1930, havia quase 10 milhões de judeus na Europa.

Os judeus no comércio e na indústria
Na Era Moderna, os judeus puderam tomar parte em negócios de maior importância. Alguns ficaram conhecidos. Michael Marks (1859-1907) era um emigrante russo na Inglaterra que começou como vendedor ambulante, tornou-se dono de uma banca de mercado e gradualmente evoluiu até constituir uma grande cadeia de lojas conhecidas como "Marks & Spencer". Hoje a família Marks possui diversas fundações filantrópicas.

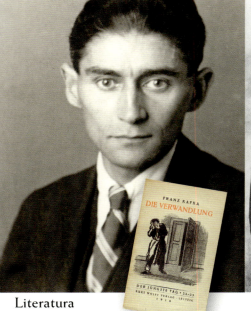

Literatura
Os judeus são com frequência chamados de "o povo dos livros" por sempre terem valorizado a linguagem, desde o estudo da Torá até humor, poesia e prosa. Um importante escritor judeu foi Franz Kafka (1883-1924), autor tcheco que escreveu sobre pessoas aturdidas pela vida. Sua obra mais famosa é *A Metamorfose*.

Ciência e medicina
Na Europa medieval, os judeus compunham 1% da população, porém 50% dos médicos eram judeus. Atualmente, muitos judeus trabalham com medicina e em outras áreas da ciência. Vários receberam o Prêmio Nobel em ciência, incluindo Albert Einstein, nascido alemão (1879-1955). Foi Einstein quem estabeleceu o Comitê Internacional de Resgate para auxílio às vítimas do nazismo, em 1933.

População judaica na Europa em 1933

- 1.000.000 ou mais
- 500.000–999.999
- 100.000–499.000
- 10.000–99.999
- 0–9.999

OS JUDEUS DA EUROPA — CAPÍTULO UM

Assentamentos judaicos

Por toda a Idade Média, o povo judeu deslocou-se para escapar de irrupções de violência ou foi expulso de um lugar e obrigado a procurar outro. Em tempos modernos, muitos judeus também se mudaram para onde pudessem contar com maior segurança e melhores oportunidades. Em 1933, a maioria dos judeus vivia na Europa Oriental, especialmente na Polônia e na então União Soviética (atual Rússia). Estas comunidades estavam entre as mais tradicionais e religiosas da Europa.

NORUEGA 1.500
SUÉCIA 6.500
FINLÂNDIA 1.800
ESTÔNIA 5.000
IRLANDA 3.600
GRÃ-BRETANHA 300.000
DINAMARCA 6.000
LETÔNIA 95.000
DANZIG 9.200
LITUÂNIA 155.000
HOLANDA 160.000
ALEMANHA 565.000
POLÔNIA 3.000.000
UNIÃO SOVIÉTICA 3.020.000
BÉLGICA 60.000
LUXEMBURGO 2.200
FRANÇA 225.000
TCHECOSLOVÁQUIA 357.000
SUÍÇA 18.000
ÁUSTRIA 250.000
HUNGRIA 445.000
ROMÊNIA 760.000
PORTUGAL 1.000
ESPANHA 4.000
ITÁLIA 48.000
IUGOSLÁVIA 70.000
BULGÁRIA 50.000
ALBÂNIA 200
TURQUIA EUROPEIA 56.000
GRÉCIA 100.000

Música e teatro

A música sempre teve um amplo espaço na cultura judaica. Desde os anos de 1800, houve inúmeros compositores e músicos judeus, incluindo o pianista polonês Arthur Rubinstein (1887-1982). Existiram também famosos atores, diretores e produtores de cinema e teatro.

Artes

Por tradição, a arte judaica se limitava à criação de objetos religiosos e ilustração de textos, sem nunca representar pessoas. Artistas judeus modernos, no entanto, retrataram pessoas tanto em esculturas quanto em pinturas, como esta assinada pelo italiano Amedeo Modigliani (1884-1920).

Psicanálise

Sigmund Freud (1856-1939), um judeu austríaco, foi chamado de "pai da psicanálise" devido ao seu trabalho revolucionário no estudo da mente. Em sua obra, ele explorou os sentimentos e o comportamento dos pacientes interpretando sonhos e o uso da linguagem.

Política

Assim que cessou seu banimento da vida pública, muitos judeus envolveram-se na política. Rosa Luxemburgo (1870-1919) foi uma das mais famosas judias na política. Líder do movimento social democrático polonês, ela apoiou o uso de greves para atingir a mudança social.

Eclésia e Sinagoga
Este vitral, de uma catedral do século XIII em Marburg, Alemanha, revela a crença ancestral de que o cristianismo seria superior ao judaísmo. O cristianismo, representado pela Eclésia, está à esquerda e o judaísmo, ou Sinagoga, à direita. Enquanto a Eclésia usa uma coroa, a Sinagoga está com os olhos vendados, recusando-se a enxergar a verdade, e segura os chifres de um bode, símbolo do mal.

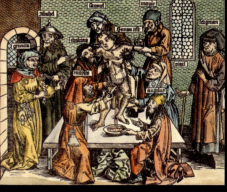

Rumores maliciosos sobre os judeus
Por séculos o folclore europeu demonizou os judeus, retratando-os com chifres e caudas bifurcadas ou como répteis. Mas as acusações que causaram maior medo foram as dos "libelos de sangue", mostrados nesta xilogravura medieval. Eles diziam que os judeus assassinavam crianças cristãs para utilizar seu sangue em um pão especial.

As Cruzadas
Em 1096, o Papa conclamou os cristãos a recuperarem a Terra Santa do controle Islâmico, e os cruzados partiram de toda a Europa, repletos de ardoroso zelo religioso. Quando atravessavam comunidades judaicas, eles as atacavam cruelmente, como mostra esta gravura medieval alemã.

A HISTÓRIA DO ANTISSEMITISMO

O ANTISSEMITISMO, OU ÓDIO AOS JUDEUS, remonta a tempos antigos, mas foi fortalecido pela Igreja Católica medieval, que acreditava que os judeus eram culpados pela morte de Cristo. Junto às crenças cristãs vieram ideias populares de que judeus eram a encarnação do mal. Embora atualmente sejam vistas pelo que são, essas tradições influenciaram pessoas e a política na história recente.

Pogroms (Massacres)

A palavra *pogrom* vem do russo, significa "devastação" e designa os massacres sistemáticos contra judeus que aconteceram na Rússia e na Europa Oriental a partir do século XVII. Em 1905, aproximadamanete 3.000 judeus foram mortos em cerca de 600 massacres desse tipo. Na figura ao lado, este pai foge do *shtetl* em chamas com seu filho.

Uma conspiração judaica

Os Protocolos dos Sábios de Sião é um livro que, alega-se, contém notas de encontros conspiratórios de líderes judeus para a conquista do mundo, como mostra essa capa. Apesar de ser um embuste, até hoje ele é publicado por grupos antissemitas. Esta é uma edição francesa dos anos de 1890.

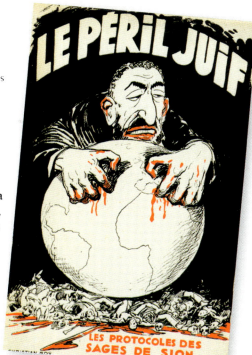

O caso Dreyfus

Em 1894, Alfred Dreyfus, um oficial judeu do exército francês, foi preso por espionagem. Este pôster chama Dreyfus de traidor, embora não houvesse evidências reais contra ele. Mesmo assim, Dreyfus foi considerado culpado. O caso suscitou um escândalo político e expôs o antissemitismo na França. O veredito foi posteriormente anulado.

Theodor Herzl e o sionismo

Herzl foi um repórter austro-húngaro que cobriu o julgamento de Dreyfus. Chocado pelo declarado antissemitismo do tribunal, ele concluiu que os judeus nunca seriam livres na Europa e que precisavam de uma terra própria para viver – daí a ideia do sionismo. Em 1896, Herzl organizou o primeiro Congresso Sionista com o objetivo de estabelecer planos para uma terra-pátria do povo hebreu.

Antissemitismo moderno

Embora o antissemitismo tenha diminuído em relação ao que havia na Idade Média, ou durante o Holocausto, ele não desapareceu. Mentiras ainda são ditas e escritas sobre judeus, resultando em discriminação. Atos de vandalismo são cometidos em locais da cultura judaica, como a profanação deste cemitério, ocorrida em 2004 em Herrlisheim, na França.

"Eu aconselho que as casas dos judeus também sejam arrasadas e destruídas. Pois nelas, eles perseguem os mesmos objetivos que em suas sinagogas. Como alternativa, eles podem ser alojados sob algum teto ou em um celeiro, como os ciganos. Isso lhes dará a certeza de que não são líderes em nosso país, tal como se vangloriam, mas sim que estão vivendo em exílio e cativeiro, como eles lamuriam e lamentam sobre nós diante de Deus".

Martinho Lutero, *Dos judeus e suas mentiras*, 1543

Judeus queimados na fogueira, *Nuremberg Chronicle* 1493

CAPÍTULO DOIS
DOMÍNIO NAZISTA

DOMÍNIO NAZISTA

O DOMÍNIO NAZISTA COMEÇOU EM 1933, quando Adolf Hitler se tornou líder da Alemanha e assinalou o fim dos 12 anos de democracia. As leis alemãs tornaram-se um meio de possibilitar a prática das ideias racistas dos nazistas. A Alemanha tinha o objetivo de colocar sob seu controle a Europa e, eventualmente, o mundo. Foi um tempo de terror para os não nazistas, especialmente aqueles a quem os nazistas consideravam subumanos.

O parlamento alemão saúda o Führer
Em 12 de março de 1938, forças alemãs ocuparam a Áustria e anexaram-na à Alemanha. No dia seguinte, Hitler – conhecido como Führer, ou líder supremo da Alemanha – convocou o parlamento alemão, o Reichstag. Os membros ovacionaram-no de pé e fizeram o cumprimento nazista para mostrar o orgulho pelo que a Alemanha havia feito.

EUROPA

- Após a derrota da Alemanha na I Guerra Mundial, o Kaiser abdica e é proclamada a República
- Tratado de Versalhes – Grã-Bretanha, Estados Unidos, França, Itália e Alemanha definem as fronteiras da Europa depois da I Guerra Mundial
- O Partido Nacional Socialista (ou Nazista) adota a suástica como símbolo
- Adolf Hitler torna-se líder do Partido Nazista
- Benito Mussolini, líder do Partido Fascista, torna-se primeiro-ministro da Itália
- *Putsch* da Cervejaria – Nazistas tentam derrubar o governo, mas falham. Hitler é preso por traição
- Conferência do Acordo de Locarno, na Suíça, confirma as fronteiras alemãs. Hitler publica *Mein Kampf*

1914 1915 1917 1918 1919 1920 1921 1922 1923 1925 1929

MUNDO

- Tem início a I Guerra Mundial (até 1918)
- A Revolução Russa faz o tsar abdicar e os bolcheviques (comunistas) assumem o poder
- A Rússia torna-se a União das Repúblicas Socialistas Soviéticas (URSS), ou União Soviética
- A quebra da Bolsa de Valores de Nova York – o colapso de Wall Street – conduz a uma depressão econômica global
- Aproximadamente 1.500.000 armênios são massacrados ou deportados pelos turcos
- É formado o Mandato Britânico (comissão para administração) da Palestina (dura até 1948). É criada a Liga das Nações para a promoção da paz e segurança internacionais

Hitler torna-se chanceler da Alemanha. É construído, na Alemanha, o campo de concentração de Dachau para prisioneiros políticos

Na Alemanha, o Tribunal de Nuremberg proíbe casamentos entre alemães judeus e não judeus

Tropas alemãs marcham em direção à Áustria e invadem os Sudetos. Na Alemanha, muitos judeus são mortos ou feridos nos ataques da Kristallnacht

Começam as Blitzes – aviões alemães bombardeiam Londres e outras cidades britânicas

Hitler torna-se, além de chanceler, presidente, e obtém total controle político da Alemanha

Hitler rompe com o Pacto de Locarno e desloca tropas para a Renânia. Alemanha sedia os Jogos Olímpicos

Alemanha invade a Tchecoslováquia e a Polônia

Alemanha invade a União Soviética

1933   1934   1935   1936   1938   1939   1940   1941   1942

Tem início a II Guerra Mundial (até 1945)

Japão bombardeia navios americanos em Pearl Harbor, no Havaí, Estados Unidos

Os Estados Unidos entram na II Guerra Mundial

CAPÍTULO DOIS
DOMÍNIO NAZISTA

O LEGADO DA I GUERRA MUNDIAL

A I GUERRA MUNDIAL (1914–18) ficou conhecida como "A Grande Guerra" graças a sua vasta escala, seu enorme impacto sobre as nações e indivíduos e por seus danos extensivos. A Alemanha sofreu pesadas baixas, perdeu parte de seu território e teve de pagar indenizações (compensações). Isso debilitou a economia e a autoestima do povo. Os nazistas obtiveram apoio popular atribuindo a culpa de suas perdas aos judeus e convencendo os alemães de que fariam a Alemanha grandiosa novamente.

Recenseamento dos judeus
Imagens cristãs em cartões alemães demonstravam o apoio da Igreja à guerra. A despeito do clamor nazista de que os judeus haviam se furtado ao serviço militar, um recenseamento em 1916 mostrou que uma proporção enorme deles foi voluntária. Mais de 100.000 serviram no exército e 35.000 foram condecorados por bravura.

OS MASSACRES ESQUECIDOS

Durante a I Guerra Mundial, o Império Otomano (Turco) lutou ao lado da Alemanha – e a maioria dos turcos era de muçulmanos. Os turcos acusaram sua minoria, que era de cristãos armênios, de tomar parte ao lado da Rússia, seus inimigos. Como resultado, atribui-se aos turcos o massacre de 1,5 milhão de cristãos armênios no ano de 1915. A Turquia contesta essa acusação e afirma que essas mortes foram causadas pela própria guerra. Este cartaz à direita fazia parte de uma campanha norte-americana para prover assistência aos cristãos armênios forçados a abandonar a Turquia. Diz-se que Hitler usou esses massacres para justificar suas próprias políticas, dizendo que já que ninguém se importara com a questão do genocídio de armênios, ninguém haveria também de interferir no modo como os nazistas lidavam com o "problema judeu".

Cristãos armênios encontram refúgio a bordo de um navio francês.

A Alemanha perde a Grande Guerra
A região da Alsácia-Lorena, que tanto alemães quanto franceses reivindicavam como sua, tornou-se campo de batalha na I Guerra Mundial. Estes soldados alemães, que marcharam orgulhosamente rumo à guerra com esperança de uma vitória, foram capturados pelos franceses na região da Alsácia-Lorena. Suas feições revelam o sentimento de vergonha frente à pátria.

Tratado de Versalhes

O final da guerra foi marcado pelo Tratado de Versalhes, um acordo de paz costurado pelos Aliados – Grã-Bretanha, França, Itália e Estados Unidos – e assinado em 1919, nas vizinhanças de Paris. Os Aliados queriam garantir que a Alemanha jamais voltasse a guerrear e por isso forçaram-na a reduzir seu poderio militar, aceitar a perda de território e pagar vultosas indenizações. Este cartum expressa a profunda humilhação sentida pelos alemães.

O Pacto de Locarno

Em 1925, Grã-Bretanha, França, Itália, Alemanha, Bélgica, Polônia e Tchecoslováquia reuniram-se em Locarno, na Suíça, para confirmar as fronteiras da Europa segundo o Tratado de Versalhes. A interrogação neste cartaz eleitoral de 1928 denota um sentimento de que os novos traçados de fronteira não precisavam ser respeitados. Em 1936, Hitler havia retrocedido completamente em relação ao Pacto de Locarno.

Durante a I Guerra Mundial, mais de 12.000 soldados judeu-alemães foram mortos em ação.

PREPARANDO O TERRENO

Hitler sabia que o povo alemão estava abatido por todas as perdas da I Guerra Mundial e usou essa desilusão em seu proveito ao culpar "forasteiros", referindo-se a comunistas e judeus. Isso uniu os alemães contra um inimigo comum. Hitler também desejava atrapalhar as alianças de seus oponentes políticos e se proteger de ataques, por isso formou um exército privado, uma tropa de assalto que ficou conhecida como "Camisas Pardas".

Antissemitismo
Os nazistas jogaram com o medo de cidadãos alemães comuns ao retratar judeus como manipuladores, gananciosos e cruéis. Neste cartaz de 1924, a Estrela de Davi caracteriza como judeu o gigante manipulador de marionetes. Ele controla os trabalhadores mexendo as cordas, como se eles fossem seus bonecos.

Anticomunismo
Os nazistas também procuraram desmerecer o Partido Social Democrático (SPD), que havia votado contra leis nazistas em 1933. Este pôster apresenta um anjo do SPD ostentando a foice e o martelo, símbolos do comunismo, de mãos dadas com um opulento capitalista judeu, em um alerta aos alemães de que nenhum deles era confiável.

Hiperinflação
Com o fim da I Guerra Mundial, a economia alemã estava enfraquecida e o custo de vida, elevado. Em 1923, a inflação – aumento contínuo de preços – atingiu patamares vertiginosos. Imprimir mais dinheiro só contribuiu para a piora da situação. Muitos alemães queimavam dinheiro para aquecer seus lares, porque isso era mais barato do que comprar combustível. Uma nova moeda foi criada em 1924.

Fascismo italiano
Neste cartaz, dois Camisas Pardas (a versão alemã dos Camisas Negras do fascismo italiano) seguram uma foto de Hitler e apontam para a bandeira da Alemanha da época do Império Alemão.

Nas eleições de 1928, menos de 3% dos alemães votaram no Partido Nazista.

Discursos políticos

Hitler entrou no Partido dos Trabalhadores Alemães, mas sugeriu a mudança do nome para Partido Nacional Socialista dos Trabalhadores Alemães – o *Nationalsozialistishe Deutsche Arbeiterpartei* – ou nazis. Embora o socialismo enfatizasse a igualdade, Hitler adicionou "nacional" para simbolizar que apenas alemães eram iguais. Ele era frequentemente convidado a proferir discursos políticos graças a seu poder de mobilizar o ódio das pessoas, e é retratado aqui dirigindo-se a um grupo em uma cervejaria.

O *Putsch* da Cervejaria em Munique

Em 1923, Hitler decidiu organizar um *Putsch* – um golpe repentino e ilegal – para derrubar o governo. Soldados armados da tropa de assalto, liderados por Hitler, irrompem em uma reunião do governo. Hitler fez disparos para o alto e declarou o começo de uma Revolução Nacional. Outros líderes nazistas sequestraram o ministro da guerra e prenderam judeus e opositores políticos. No dia seguinte, Hitler e 3.000 seguidores nazistas marcharam por Munique até que a polícia conseguiu detê-los.

MINHA LUTA

Depois da marcha nazista em Munique, Hitler foi preso e acusado de traição. Embora tenha sido julgado culpado, ele recebeu a pena mínima de cinco anos de prisão, onde começou a escrever suas ideias sobre o mal representado por judeus e comunistas, as conexões entre eles e o que poderia ser feito a respeito. Essas ideias foram publicadas em 1925 no livro de sua autoria intitulado *Mein Kampf (Minha Luta)*. Até 1939, cinco milhões de cópias haviam sido publicadas. Milhões de outras cópias foram lançadas posteriormente desde então e o livro foi traduzido para várias línguas.

APOIO POPULAR

No início, o apoio aos nazistas na Alemanha era baixo, mas eles aprenderam o poderoso apelo de uniformes, símbolos, comícios e saudações por meio da experiência dos fascistas italianos. Teorias nazistas sobre raça também contribuíram para que alemães comuns se sentissem superiores e ampliassem o apoio popular. Gradualmente, os nazistas ficaram mais atraentes, em especial para o público jovem.

Crianças e jovens
Os nazistas usavam movimentos jovens para influenciar os alemães em idade impressionável, e participar de algum desses movimentos tornou-se quase compulsório. Crianças usavam uniformes e participavam de atividades que enfatizavam a disciplina e a forma física, com testes de resistência e autossacrifício. Esta garota está arrecadando dinheiro para albergues e casas de jovens.

A saudação a Hitler
A saudação nazista era um sinal de lealdade a Hitler. Foi modelada de acordo com o padrão da saudação dos fascistas italianos, dos antigos romanos e dos alemães ancestrais. Demonstrava um espírito belicista, com o braço assemelhando-se a uma lança erguida. Seguidores nazistas também cumprimentavam-se e se saudavam uns aos outros dessa forma e, em encontros de massa como este comício da juventude, proclamavam: "*Sieg Heil!*", que significa "Vitória e aclamação!"

Teorias de raça
Cartazes como estes eram pendurados em salas de aula como material didático. Os nazistas amparavam-se em teorias do século XIX segundo as quais as pessoas poderiam ser divididas em raças separadas, umas superiores e outras inferiores. As "raças dominantes" eram os europeus do norte, especialmente alemães, que alegavam ser descendentes dos arianos, as primeiras pessoas a habitar a antiga Índia.

A bandeira nazista
Foi Hitler quem projetou a bandeira nazista. Ele escolheu as cores vermelha, preta e branca – as cores históricas da bandeira alemã – como um sinal de que a democracia e a República de Weimar haviam chegado ao fim. O vermelho representava a ideia social do nazismo, o branco, o nacionalismo e o preto, a luta do homem ariano. Neste comício de 1933 em Nuremberg, membros da SS carregam bandeiras como estandartes.

A SUÁSTICA

Em 1920, os nazistas adotaram o símbolo da cruz gamada, um símbolo ancestral alemão para o deus do trovão. Este símbolo era similar à suástica, um símbolo indiano para bondade, o que era adequado, já que a raça ariana originara-se na Índia. A suástica apareceu na insígnia nazista e até mesmo em objetos do cotidiano, como este relógio.

O culto a Hitler

Neste pôster, Hitler é retratado do mesmo modo que Jesus é comumente mostrado em seu batismo – com uma poderosa luz espiritual emanando dos céus e uma pomba pairando sobre si. Isto era uma representação típica do crescente culto a Hitler, que era adorado como uma divindade. Muitos alemães acreditavam que ele possuía poderes sobrenaturais, e alguns dirigiam preces a ele caso estivessem preocupados ou infelizes. Este cartaz declara "Vida longa à Alemanha!"

Em 1938, Hitler foi eleito o homem do ano pela revista Time.

CAPÍTULO DOIS — DOMÍNIO NAZISTA

ENTRANDO PELA PORTA DOS FUNDOS

A PREVISÃO EXATA DE HITLER a respeito da Grande Depressão, que começou nos Estados Unidos em 1929, levou as pessoas a acreditar que ele poderia auxiliar a economia alemã. Os nazistas então usaram as taxas alemãs de desemprego vertiginosamente altas em 1930 para angariar apoio para seus planos de uma Alemanha confiante e independente. Contudo, nem todos estavam convencidos, por isso Hitler recorreu a outros métodos para obter o poder total.

Ativista político durante a campanha presidencial alemã, em 1932

Quebra da Bolsa de Valores de Wall Street

Em 1929, quando corretores da Bolsa de Valores de Nova York tentaram resgatar seu capital investido, o valor das ações despencou. Em pânico, americanos fecharam suas contas bancárias e a Bolsa de Valores entrou em colapso. As economias alemã e americana eram estreitamente conectadas, de modo que os alemães também foram afetados.

DATA	PERCENTUAL DE VOTOS OBTIDOS PELOS NAZISTAS	DEPUTADOS ELEITOS	VOTOS EM MILHÕES
20 de maio, 1928	2,6%	12	0,81
14 de setembro, 1930	18,3%	107	6,41
31 de julho, 1932	37,3%	230	13,75
6 de novembro, 1932	33,1%	196	11,74
5 de março, 1933	43,9%	288	17,28

Vitórias eleitorais nazistas

Os nazistas demoraram para conquistar votos e eleger deputados, como demonstra o gráfico acima. De fato, em 1932 houve um decréscimo no apoio recebido. Os nazistas nunca obtiveram uma franca maioria, mesmo em 1933, quando chegaram ao poder.

Hitler torna-se chanceler

Depois das eleições de 1932, o presidente Paul von Hindenburg recusou o pedido de Hitler para que o tornasse chanceler, com medo de que Hitler atuasse como um ditador. Mas em janeiro de 1933, os partidos conservadores apoiaram Hitler, esperando usá-lo em benefício próprio. O presidente afinal concordou. Hitler imediatamente assumiu todas as funções de líder de Estado, promovendo a ditadura na Alemanha. Para aumentar o apoio popular, Hitler organizou enormes comícios, como esta procissão à luz de tochas em Berlim.

O incêndio do Reichstag

Uma vez que Hitler não tinha certeza se venceria ou não as eleições, ele usou outros meios para atingir seus objetivos. Como ele esperava, multidões aterrorizadas se aglomeraram quando o edifício do Parlamento, o Reichstag, foi misteriosamente consumido em chamas. Um comunista pego com fósforos foi forçado a confessar. Como resultado, Hitler pôde adotar poderes emergenciais para banir socialistas e comunistas das eleições.

Um Povo, um Império, um Líder

Inspirado pelo título de Mussolini, *il Duce* – o Duque, Hitler assumiu o título de *der Führer* – o Líder. Ele esperava ser tratado como *Mein Führer*, meu Líder. Este cartaz de propaganda declara: "Um Povo, um Império, um Líder", *slogan* que visava fazer de Hitler um símbolo de união.

PERÍODOS DO GOVERNO ALEMÃO

O Primeiro Reich: O Sacro Império Romano	843–1806
O Segundo Reich: O Império Alemão	1871–1919
A República de Weimar: Um governo democrático	1919–1933
O Terceiro Reich	1933–1945

O começo do Terceiro Reich

Hitler queria criar leis sem a interferência do parlamento, e assim propôs o Ato Habilitante. Camisas Pardas, do lado de fora do edifício do parlamento, certificaram-se de que a lei fosse aprovada. Hitler possuía agora o direito legal de se tornar um ditador. Quando o presidente morreu, em 1934, Hitler tornou-se chanceler e presidente – ele agora tinha controle total.

AS *AUTOBAHNS*

Hitler sonhava com uma rede de rodovias de alta velocidade que fosse a melhor do mundo e um marco no fortalecimento do povo alemão. Nesta imagem, de setembro de 1933, ele é visto cerimonialmente cavando as fundações da *Autobahn*, ou autopista. Boas rodovias eram uma grande vantagem para o povo alemão e aumentaram a popularidade de Hitler. Elas tinham valor simbólico como sinal das conquistas e do esforço coletivo da Alemanha. Também demonstravam que os alemães estavam conectados, em sentido literal, e que o país estava unido.

"Eu havia esquiado o dia todo... quando cheguei em casa... nós ouvimos que Hitler tinha se tornado chanceler. Todo mundo estremeceu. Mesmo sendo crianças de dez anos, nós estremecemos."

Leslie Frankel relembra a notícia de que Hitler se tornara chanceler da Alemanha

Parada nazista das bandeiras, na Festa da Vitória, em Nuremberg, Alemanha, em setembro de 1933

VOZES
A ALEMANHA NAZISTA

Quando Hitler chegou ao poder, em 1933, ninguém podia prever os horrores que estavam por vir, mesmo que as pessoas já estivessem alarmadas com o crescente clima de antissemitismo na Alemanha. Contudo, muitos judeus decidiram não fugir porque não queriam abandonar seus lares, imaginando que a situação seria passageira.

"*Em 1935, quando Hitler estava firme no controle e havia se tornado chanceler, eu fui a Colônia para me encontrar com alguns dos meus velhos amigos de faculdade. Então fui a Berlim, onde me encontrei com a mulher que ficara encarregada da comunidade judaica. Ela me deu a informação que eu queria e, antes que eu partisse, a visão de todas aquelas bandeiras, o vermelho sangue daquelas bandeiras, sabe, com a suástica, me atingiu com terror, um terror verdadeiro. E você nunca sabia quando poderia ser escolhida! Fiquei muito assustada no trem, especialmente nas fronteiras. Mas felizmente consegui atravessar e então, quando sentei-me com essa mulher, ela me disse: 'Você é uma americana, você pode deixar esse lugar, nós não, nenhum país nos quer. Você pode sair. Vá. Vá lá fora e grite! Grite e deixe o mundo inteiro saber o que estamos sofrendo aqui. Simplesmente vá'. Então eu parti e fui à Polônia.*"

Ruth Gruber
(Nascida na Alemanha, em 1911)
Ruth deixou a Alemanha antes da guerra para viver nos Estados Unidos. Ela relembra uma visita de volta em 1935.

DOMÍNIO NAZISTA
CAPÍTULO DOIS

"Eu fui à Alemanha procurar por alguns de nossos velhos amigos e familiares, e as histórias que ouvia por toda a Alemanha das pessoas judias — eram simplesmente terríveis. A situação não era tão ruim quanto ficaria em anos posteriores, mas todos estavam preocupados com o que estava acontecendo. Muitos queriam partir da Alemanha, mas diziam 'Bem, minha mãe está aqui, meu pai está aqui; eles são idosos e nós não queremos deixá-los. Temos nossos negócios aqui e não queremos abandonar nossos negócios'. Eu sugeri a muitos deles que aquele era um bom momento para deixar a Alemanha porque, como um estrangeiro, eu tinha uma visão melhor do que estava ocorrendo. O que mais me perturbava era que a Alemanha estava no meio de um rearmamento! Tudo era armamento. Todos usavam uniformes. Tanques ocupavam as ruas; havia paradas e auto-falantes... todos entoavam Deutschland Über Alles e Heute Deutschland Morgen die Welt, sabe — "Hoje a Alemanha, Amanhã o Mundo" — e havia um estranho espírito de nacionalismo. E claro, a situação para os judeus estava se deteriorando, embora muitos achassem que o problema era temporário e que eventualmente desapareceria. Mas não desapareceu, como todos sabemos, e eu deixei a Alemanha. Tenho anotações de uma série de conversas que tive depois de voltar para casa em que eu dizia: 'Não há, absolutamente, futuro algum para nenhum judeu na Alemanha. Creio que os judeus devem sair de lá'. Mas ninguém ouvia."

"A PRIMEIRA MUDANÇA realmente séria que eu notei foi quando encontramos, numa certa manhã em que íamos à escola, todas as outras crianças formando duas filas em frente à porta do prédio da escola e, quando passamos por essas duas filas, eles nos surraram! Eu fui até o professor para reclamar com ele, e ele me disse: 'Bem, o que você esperava, sua judia suja?' E a partir daquilo nós percebemos que ele se encontrava com as crianças todas as manhãs na igreja (eles tinham que ir à missa todas as manhãs) e vimos que ele havia organizado as crianças para que nos batessem."

Emma Mogilensky
(Nascida na Alemanha, em 1923)
Emma tinha apenas 15 anos de idade quando vivenciou o antissemitismo que descreve aqui.

Fred Baer
(Nascido na Alemanha, em 1910)
A família de Fred partiu para os Estados Unidos antes que a guerra começasse. Ele relembra a relutância dos judeus em partir.

O TERCEIRO REICH

O REGIME POLÍTICO DE HITLER foi chamado Terceiro Reich – ou Terceiro Império. Começou como um Estado policial, e passou a cada vez mais controlar as ações e os pensamentos das pessoas. A Schutzstaffel, ou SS, nasceu na década de 1920 como a guarda pessoal de Hitler mas, após 1933, tornou-se um segundo exército alemão. A Polícia Secreta de Estado, a Gestapo, também gozava de amplos poderes e torturava pessoas que haviam sido presas sem qualquer acusação.

Hitler, o ícone
No período do Terceiro Reich, houve mais retratos de Hitler do que de qualquer outra pessoa na história. A ideia era preencher a mente das pessoas com sua imagem, e em algumas gravuras Hitler aparece retratado como um ícone religioso ou popular. Esta pintura famosa, de 1938, feita pelo artista austríaco Hubert Lanzinger, é chamada O Porta-bandeira, e retrata Hitler como um cavaleiro.

Campo de concentração de Dachau
Dachau foi um dos primeiros campos de concentração na Alemanha, construído em 1933. Recebeu 1.200 reclusos, na maioria prisioneiros políticos. As condições não eram tão duras quanto em campos abertos posteriormente, mas muitos morreram graças às péssimas condições ou assassinados por infringir as regras do campo.

As Leis de Nuremberg

Com o Terceiro Reich no poder, relacionamentos entre judeus e não judeus eram frequentemente ridicularizados em público. Algumas pessoas foram forçadas a portar cartazes dizendo que eram "porcos judeus" ou que estavam se casando com "porcos judeus". Em 1935, o antissemitismo foi legalizado em duas Leis de Nuremberg: uma tornou ilegal o casamento entre judeus e não judeus para proteger a "pureza racial" alemã; a outra estipulava que somente alemães "puros" eram cidadãos do Reich.

Conquista territorial

Hitler estava determinado a fazer da Alemanha uma grande potência mais uma vez, e assim dominar a Europa. *Lebensraum*, que significa "espaço vital", era um termo nazista para grilagem ou conquista ilegal de território. Como este mapa demonstra, essa prática começou com a Áustria, em 1938. Hitler planejou unificar todos os países falantes do alemão sob um mesmo país e criar a "Grande Alemanha", que poderia crescer rumo ao leste.

Na Áustria

Hitler instou os nazistas austríacos a exigirem a união entre Áustria e Alemanha. Então, em março de 1938, o exército alemão invadiu a Áustria. Esta parada em Innsbruck foi realizada no dia seguinte, após as tropas austríacas realizarem um juramento de fidelidade ao Terceiro Reich. A *Anschluss* (união política) estava completa.

Os Sudetos

O *Anschluss* fortaleceu o desejo alemão de novas conquistas territoriais. A população falante do alemão na região dos Sudetos, uma região da Tchecoslováquia, ansiava por se juntar à Grande Alemanha e Hitler afirmava que, ao invadir os Sudetos, estava libertando aquela população. Depois, em 1939, Hitler invadiu a Tchecoslováquia a partir dos Sudetos.

PROPAGANDA NAZISTA

Em seu livro *Mein Kampf*, Hitler escreveu que o uso da emoção, e não da razão, convenceria as pessoas a compartilhar das crenças nazistas. O ministro da propaganda, Joseph Goebbels, promoveu os ideais nazistas de modo emocional com o intuito de influenciar o pensamento popular. Tudo que o Terceiro Reich comunicava continha uma mensagem política, desde discursos e cartazes até filmes e arquitetura.

"Heróis" nazistas
Os nazistas queriam que as pessoas os identificassem como heróis, capazes de combater o mal e proteger a Alemanha. Neste cartaz, a figura nazista é retratada como um corajoso guerreiro. Muitos cartazes de propaganda adaptavam o imaginário de lendas cristãs e do folclore europeu.

Arte e arquitetura
Hitler baniu, escondeu e destruiu obras de arte moderna por acreditar que esta era uma forma corrompida de arte. Como alternativa, ele promoveu grandes pintores do passado e patrocinou novos trabalhos em estilo tradicional. O arquiteto Albert Speer recompensou a amizade de Hitler projetando edifícios imponentes, assim como este enorme púlpito na praça de comícios em frente à sede do Partido Nazista em Nuremberg.

Hitler como redentor
Para registrar o Congresso do Partido Nazista de 1934, Hitler patrocinou um filme de propaganda chamado *O Triunfo da Vontade*. O tema do filme era a retomada da Alemanha como uma nação poderosa e Hitler como seu redentor, trazendo glória à nação. A diretora do filme, Leni Riefenstahl, usou de técnicas inteligentes, como esta tomada em que Hitler aparece alinhado com a igreja, mas com esta ocupando o segundo plano, para demonstrar a superioridade dele.

Poucos dias após se tornar chanceler, Hitler fechou as gráficas de todas as organizações que se opunham a ele.

Crianças, Igreja, Cozinha

Os ideais que os nazistas glorificavam em relação às mulheres eram *Kinder, Kirche, Küche*, que significa Crianças, Igreja, Cozinha. Imagens de famílias como esta tinham o objetivo de motivar as mulheres a se esforçarem para cumprir esses objetivos. Mulheres brancas e não judias eram encorajadas a ter muitos filhos para produzir soldados e mão-de-obra e expandir a população ariana.

Reprodução seletiva

Este cartaz afirma que "Deus não pode desejar a reprodução de doentes e incapazes". Seu objetivo era persuadir as pessoas de que a esterilização era necessária para evitar o nascimento de bebês doentes ou portadores de deficiência. Nos anos posteriores, a esterilização foi substituída pela matança de "indesejáveis", incluindo "raças" que os nazistas acreditavam ser inferiores.

Amizades proibidas

Durante os anos 1920 na Alemanha, havia aproximadamente 250.000 negros e pessoas de outros grupos minoritários, como judeus e romani (pejorativamente referidos como "ciganos"). Os nazistas afirmavam que essas pessoas eram *Untermenschen*, ou subumanos, e poluíam o país. Esta fotografia retrata a amizade entre uma mulher branca, não judia, e uma mulher negra. A relação é desencorajada com a legenda "Uma perda de orgulho racial".

Grupos vitimizados

Nesta tira de um filme, imagens estereotipadas de "subumanos", incluindo árabes, asiáticos e africanos são relacionadas. Juntando-se a eles, um judeu estereotipado aparece em imagem maior. Ao associar visualmente todos esses grupos demonizados, a crença nazista de que essas pessoas eram culpadas reforçava-se nas mentes do público-alvo, os alemães brancos não judeus. A legenda neste cartaz anuncia "O judeu é um bastardo".

CAPÍTULO DOIS
DOMÍNIO NAZISTA

A ASCENSÃO DO ANTISSEMITISMO

Os judeus viviam sob permanente terror durante o período nazista. Eram aprovadas leis e mais leis para privá-los de seus direitos e restringir suas vidas. A maioria dos alemães não judeus voltaram-se contra os judeus que viviam em suas comunidades locais, e surtos de violência eram frequentes. Contudo, uma grande parte dos judeus alemães não deixou o país, por acreditar que a situação não perduraria muito e que a Alemanha era a sua casa.

Queima de livros
Da mesma forma que os nazistas destruíam qualquer arte considerada imoral ou "não alemã", eles também queimavam livros – entre eles, muitos de autores judeus. Fogueiras como esta, nos arredores da Casa de Ópera de Berlim, eram um espetáculo ao público, e reforçavam o ódio aos escritores.

Humilhação pública
Nazistas atacavam e humilhavam judeus de muitas maneiras, como ao arrancar pelos das barbas dos homens ou ao forçá-los a dançar em público. Os judeus também eram obrigados a lavar e esfregar as ruas, como é mostrado ao lado, em foto tirada em Viena, enquanto nazistas austríacos e residentes locais observavam.

"A Noite dos Vidros Quebrados"
No dia 9 de novembro de 1938, Joseph Goebbels, ministro da propaganda de Hitler, organizou ataques contra judeus na Alemanha, nos Sudetos e na Áustria. Esta data é conhecida como Kristallnacht, "Noite dos Vidros Quebrados", em que 96 judeus foram mortos e centenas, feridos. Mais de 1.000 sinagogas e 7.500 estabelecimentos comerciais pertencentes a judeus foram destruídos. O judeus tiveram de pagar enormes quantias para cobrir os prejuízos e 30.000 deles foram enviados a campos de concentração.

Estereótipos de judeus
Crianças alemãs eram expostas a ideias e imagens antissemitas desde cedo. O judeu, retratado como um sequestrador neste livro, aproveita-se do medo delas. Outros estereótipos eram os de fraudador ganancioso, monstros ou de seres rastejantes e pegajosos. Com o tempo, essas imagens tornaram-se códigos, substitutos para "judeu".

Leis antissemitas
Entre 1933 e 1939, os judeus alemães perderam quase todos os seus direitos civis e foram ameaçados e perseguidos. Por fim, na Alemanha e nas regiões ocupadas pelos nazistas, eles foram forçados a mostrar em suas vestes que eram judeus. Em alguns lugares, isso era feito com o uso de um distintivo com o símbolo da Estrela de Davi costurado nas roupas e em outros, por braçadeiras.

Em 1938, 18.000 judeus alemães foram expulsos da Alemanha de um dia para o outro.

Revivendo velhos medos
O popular jornal nazista *Der Stürmer* publicava artigos antissemitas com frequência. Esta edição, de 1934, promovia a ideia de uma conspiração judaica ao mostrá-los fingindo lealdade à Alemanha. O jornal também trazia histórias sobre um ritual religioso do qual os judeus haviam sido erroneamente acusados de praticar séculos antes, o de drenar o sangue de cristãos.

1933
Judeus foram proibidos de trabalhar como advogados, juízes ou funcionários públicos. Crianças judias foram proibidas de brincar com outras crianças.

1935
Escritores, músicos e *marchands* judeus são proibidos de trabalhar. Judeus só podiam se sentar em bancos públicos são marcados "para judeus".

1936
Judeus são forçados a entregar suas bicicletas e máquinas de escrever. Veterinários judeus são forçados a parar de trabalhar. Judeus convertidos ao cristianismo são classificados como judeus.

1938
Médicos e parteiras judeus são forçados a parar de trabalhar. Judeus são também proibidos de ter negócios próprios, de assistir a filmes, peças de teatro, ópera, concertos, ou mesmo frequentar piscinas públicas. Crianças judias são expulsas de escolas alemãs.

1939
Judeus são forçados a entregar seus pertences de valor à polícia. São despejados de suas casas sem razão ou notificação prévia. Segue-se proibição de sair às ruas à noite depois das 20 h no inverno e depois das 21 h no verão.

"J" de judeu
Este passaporte pertenceu a uma jovem judia chamada Edith Baum. Todo judeu precisava ter seu passaporte visivelmente carimbado com a letra "J". Em passaportes e outros documentos, os homens tinham de adicionar o nome "Israel" e as mulheres, o nome "Sarah". O objetivo disso era impossibilitar que judeus escondessem suas identidades.

Judeus alemães assimilados
No século XIX, a Alemanha tornou-se um lugar seguro e confortável para judeus, onde muitos prosperaram, sentindo-se plenamente "alemães". Alguns deixaram de praticar a própria religião, enquanto outros se converteram ao cristianismo. Esta família de judeus alemães se assemelha a qualquer outra família, mas eram justamente esses judeus assimilados que os nazistas consideravam mais preocupantes.

Uma sinagoga em chamas em Bielefeld, Alemanha, durante a Noite dos Vidros Quebrados, no dia 9 de novembro de 1938.

"Enquanto eu ia para Dinslaken, ouvi no trem que manifestações antissemitas eclodiram por todos os lugares e que muitos judeus haviam sido presos. Por todos os lados, sinagogas estavam em chamas."

Yitzhak S. Herz relembra o terror da Kristallnacht *enquanto*

VOZES
OS JUDEUS SOB O DOMÍNIO NAZISTA

Muitas leis discriminatórias contra judeus foram introduzidas pelos nazistas, privando-os de seus direitos. Depois, durante a *Kristallnacht*, entre 9 e 10 de novembro de 1938, sinagogas e estabelecimentos comerciais pertencentes a judeus foram destruídos por soldados e civis. Posteriormente, os judeus foram forçados a portar identificação na forma de novas carteiras de identidade, e também a usar uma estrela amarela em suas roupas para marcá-los como judeus.

"Nós os vimos começando a marchar pelas ruas e, claro, no dia seguinte todas as lojas tinham cartazes dizendo: "Juden sind hier unerwunscht" ("Judeus não são bem-vindos aqui"). E nas lojas judias, eles escreviam Jude na fachada delas e todo tipo de coisa acontecia. Havia muita coisa acontecendo e você estava lá sentado e não sabia realmente o que estava para acontecer — mas logo descobrimos. Foi terrível. A primeira coisa de que me lembro muito bem foi quando cheguei da escola (isso foi bem no começo), fui à rua onde morávamos e havia um enorme grupo de pessoas por ali gritando e gritando: 'Juden!' e continuavam, e então vi minha mãe na rua, descalça, limpando a rua! Eles a fizeram limpar os cartazes que colocaram nas ruas para as eleições. Então eu disse: 'Mãe! O que você está fazendo aí?' E ela respondeu: 'Thea, vai para casa! Vai para casa!' Ela não queria que eu ficasse lá. Eu chorei terrivelmente e não fui, continuei lá gritando: 'Mamãe, mamãe!' E as pessoas não tinham compaixão alguma. Elas estavam tomadas por ódio. Todas elas. Todas."

"No inverno, eles vieram buscar meu pai, minha mãe e nós também, para removermos a neve com pás. Tivemos de trabalhar por horas. E as pessoas ficaram em torno de nós, rindo. Lembro-me de que eu tinha um par de botas e eles queriam tomá-las de mim... Eles não tomaram minhas botas, mas eu fiquei com medo de precisar ficar descalça na neve."

Thea Rumstein
(Nascida na Áustria, em 1928)
Thea relembra alguns dos primeiros ataques antissemitas sofridos por sua família antes que todos fossem deportados para o gueto de Theresienstadt.

"HAVIA UMA ENORME mesa na entrada da prefeitura e as pessoas que eu costumava ver nas ruas, que eu conhecia, estavam lá, listando nossos nomes, porque deveríamos portar novas carteiras de identidade. Todos na Europa, inclusive na França, sempre tiveram, assim como nos Estados Unidos, um cartão de seguridade social ou uma carteira de habilitação que fazia o papel de uma carteira de identidade. Era simplesmente uma carteira de identidade com o lugar de residência, onde você nasceu, se é estudante ou se trabalha, esse tipo de coisa. E então naquela mesma carteira mudaram algumas coisas e deram-lhe uma nova cor. Em vez de ser bege como antes, era amarela e tinha um selo de um lado ao outro que dizia "Juif", "judeu", e isso era como marcar um animal – foi como me senti a respeito."

"EU FIQUEI TÃO chateada! Não consigo nem dizer. Fui à casa da minha melhor amiga, com quem eu me sentava nos anos de escola, e sua mãe abriu a porta e disse: 'Ouvi que você é uma maldita porca, uma porca judia. Não venha mais aqui!' e bateu a porta na minha cara. Eu fiquei lá, paralisada como uma idiota! Eu não podia entender o que tinha acontecido. A mãe da minha melhor amiga, que cuidava de mim como se eu fosse sua filha – de um dia para o outro, ela mudou."

"NA MANHÃ DO dia 10 de novembro de 1938, fomos à escola e de repente vimos fumaça e fogo nos templos. Haviam começado um pogrom em Berlim e estavam quebrando as janelas. Arrebentaram todas as vitrines de todas as lojas judias e saquearam as mercadorias. Traziam enormes cartazes que diziam: 'Não compre de judeus!' e então começaram a queimar as sinagogas."

DOMÍNIO NAZISTA
CAPÍTULO DOIS

Michelle Cohen-Rodriguez
(Nascida na França, em 1935)
Michelle relembra o aviltamento que sentiu quando foi forçada a carregar uma carteira de identidade judaica.

Sigi Hart
(Nascido na Alemanha, em 1925)
Sigi relembra a *Kristallnacht* de 1938, quando as sinagogas e lojas pertencentes a judeus foram destruídas e incendiadas.

Leonie Hilton
(Nascida na Alemanha, em 1916)
Leonie relata seu choque e desalento quando a mãe de sua melhor amiga deixou de aceitá-la.

CAPÍTULO DOIS — DOMÍNIO NAZISTA

VÍTIMAS DO NAZISMO

Os nazistas acreditavam que uma enorme quantidade de pessoas era inferior a eles e que não havia espaço na Alemanha, ou mesmo no mundo, para elas. Eles acreditavam na sobrevivência dos mais aptos e nos direitos dos fortes sobre os mais fracos. Em particular, os nazistas desejavam destruir dois grupos para os quais não havia "cura": os judeus e os romani. Embora comumente chamados "ciganos", os romani consideram esse termo ofensivo.

Mirando nos romani
Vivendo tradicionalmente de forma nômade, cerca de 30.000 romani viviam na Grande Alemanha e 1.000.000 na Europa Oriental, majoritariamente na Romênia e na União Soviética. Os nazistas basearam-se em um longo histórico de preconceitos contra este grupo étnico na Europa. Eles mediam as dimensões de seus rostos, acreditando que as pessoas da etnia romani eram, como os judeus, uma raça diferente – "vidas indignas de viver".

Entre 220.000 e 500.000 romani foram mortos durante o Holocausto.

Preconceito contra negros
Havia poucos negros na Alemanha, e o ódio nazista contra eles emergiu quando a Alemanha sediou os Jogos Olímpicos, em 1936. Para evitar apertar a mão de atletas negros que ganharam medalhas, como o americano Jesse Owens, mostrado aqui, Hitler não apertou a mão de nenhum vencedor. O ministro da propaganda, Goebbels, chamou as conquistas dos negros de "desgraça".

A germanização de poloneses
Os nazistas julgavam os poloneses subumanos e queriam conquistar suas terras. Embora tenham perseguido os poloneses e assassinado milhões deles, os nazistas consideravam que algumas das crianças e dos bebês poloneses eram "parecidos" com alemães. Eles sequestraram aproximadamente 50.000 bebês, inclusive estes nas cestas, para que fossem adotados por pais alemães e, assim, pudessem ser "germanizados".

Opositores políticos

Os nazistas não toleravam oposição, independentemente de qual fosse a "raça" dos oponentes. Eles baniram outros partidos políticos e eliminaram seus membros, especialmente os comunistas, porque pensavam que eles conspiravam com os judeus para dominar o mundo. Esta fotografia, tirada secretamente em 1933, mostra um local onde oponentes políticos eram encarcerados e submetidos a trabalhos forçados.

Homossexuais

Os nazistas acreditavam que os homossexuais eram inferiores porque não teriam filhos e não perpetuariam a "raça". Eles também achavam que homens homossexuais não eram homens de verdade. Temendo que a homossexualidade se espalhasse como uma enfermidade social, os nazistas fecharam clubes e bares homossexuais, como este em Berlim, em 1933.

Portadores de deficiência física

Portadores de deficiência mental ou física ameaçavam a raça perfeita, por isso cerca de 300.000 pessoas foram esterilizadas em 1934 para evitar que tivessem filhos. Registros hereditários de saúde, como este, foram criados para acompanhar o aparecimento de deficiências na família.

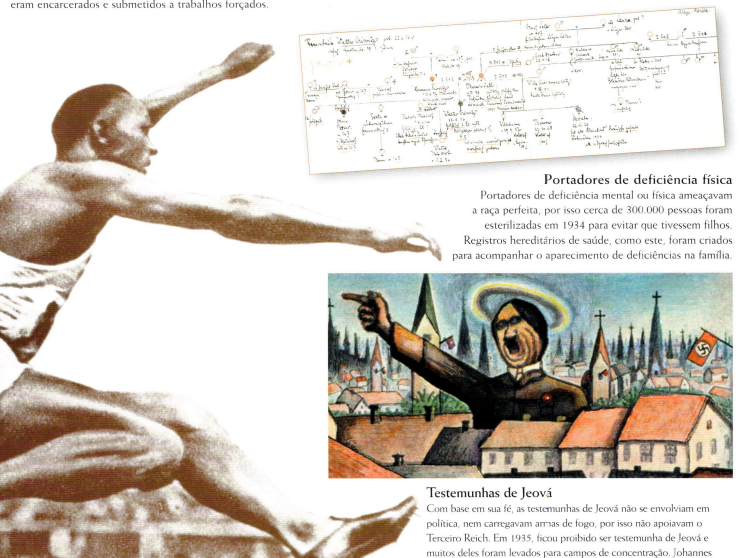

Testemunhas de Jeová

Com base em sua fé, as testemunhas de Jeová não se envolviam em política, nem carregavam armas de fogo, por isso não apoiavam o Terceiro Reich. Em 1935, ficou proibido ser testemunha de Jeová e muitos deles foram levados para campos de concentração. Johannes Steyer, testemunha de Jeová, pintou Hitler como um santo para representar como a maioria dos alemães enxergava seu líder político.

CAPÍTULO DOIS
DOMÍNIO NAZISTA

II GUERRA MUNDIAL

O MUNDO ASSISTIU À ASCENSÃO da Alemanha nazista sem reagir até que, em 1938, Hitler realizou seus primeiros movimentos para dominar a Europa. Em 1939, quando tropas alemãs invadiram a Polônia, a guerra foi declarada. A guerra entre os Aliados (Grã-Bretanha, União Soviética, Estados Unidos e outros países) e os países do Eixo (Alemanha, Itália e Japão) aconteceu por causa de território, não pelo brutal tratamento dado pelos nazistas aos grupos minoritários.

A invasão da Tchecoslováquia

Hitler ameaçava invadir a Tchecoslováquia, a menos que a Grã-Bretanha apoiasse seu plano de tomada dos Sudetos, uma área ocupada por falantes de alemão na Tchecoslováquia. Em setembro de 1938, em Munique, a Grã-Bretanha e a França cederam os Sudetos à Alemanha. Em troca, a Alemanha prometia não ocupar outros espaços da Europa. O primeiro-ministro inglês, Neville Chamberlain, apontou o Acordo de Munique como "a paz em nossa era". Mas, em março de 1939, a Alemanha ocupou o resto da Tchecoslováquia.

Invasão alemã da Polônia

No dia 1º de setembro de 1939, tropas alemãs avançaram sobre o oeste da Polônia e a Grã-Bretanha declarou guerra à Alemanha. Em duas semanas, a Polônia estava completamente tomada, e a Alemanha passou a atribuir o desígnio de Governo Geral ao território invadido. Este trem leva tropas alemãs à Polônia, no final de setembro daquele mesmo ano. Nas laterais externas do trem, pode-se ler: "Nós estamos indo à Polônia para destruir os judeus".

A *blitz*

Com a Grã-Bretanha em guerra contra a Alemanha, baterias de ataques aéreos sobre Londres e outras cidades ocorreram a partir de agosto de 1940. Esses ataques-relâmpago foram apelidados de *blitz*, da palavra em alemão *Blitzkrieg*, que significa "guerra relâmpago". As pessoas desta foto estão dormindo em uma das estações de metrô de Londres, que eram usadas como abrigos antiaéreos.

Os Estados Unidos entram na guerra

Depois que os alemães ocupam a França, os Estados Unidos começam a debater um possível apoio à Grã-Bretanha na guerra. Então, em 7 de dezembro de 1941, o Japão, aliado da Alemanha, ataca a base de Pearl Harbor, no Havaí. No dia seguinte, os Estados Unidos declararam guerra ao Japão, e três dias depois, Alemanha e Itália declararam guerra aos EUA. Este cartaz encorajava americanos a comprarem títulos públicos para ajudar no financiamento das operações de guerra.

Ocupação nazista da Europa

Em 1942, a Alemanha havia ocupado e estava no controle de mais da metade do território europeu, assim como de parte da União Soviética.

Áreas ocupadas pelos nazistas em 1942
- Ocupada pela Alemanha
- Aliada alemã ou ocupada por aliados alemães
- Neutra
- Aliados

Operação Barbarossa

A Alemanha planejava criar uma colônia dentro da União Soviética e, em junho de 1941, invade seu território. A operação Operação Barbarossa (ou "Barba Ruiva") envolveu 3 milhões de soldados e mais de 3.000 tanques de guerra. Os tanques e soldados alemães mostrados acima quase alcançaram Moscou, mas sofreram baixas tão graves que foram finalmente obrigados a se render.

DOMÍNIO NAZISTA — CAPÍTULO DOIS

OS GUETOS

Embora tenham existido guetos nos quais os judeus ficavam confinados na Idade Média, todos já haviam sido extintos na virada para o século XIX. Os nazistas reativaram o conceito dos guetos e os usaram para aprisionar suas vítimas – majoritariamente judeus, mas também os romani. As condições nos guetos eram extremamente severas: comida e água eram escassas, as pessoas se aglomeravam em pequenos espaços e a constante presença dos soldados nazistas era bastante opressiva.

Passarela no gueto de Łódź
O isolado gueto de Łódź, na Polônia, dividia-se em duas partes. Os residentes do gueto não eram tolerados nas ruas e somente podiam cruzar de uma parte do gueto à outra pela passarela construída sobre as vias.

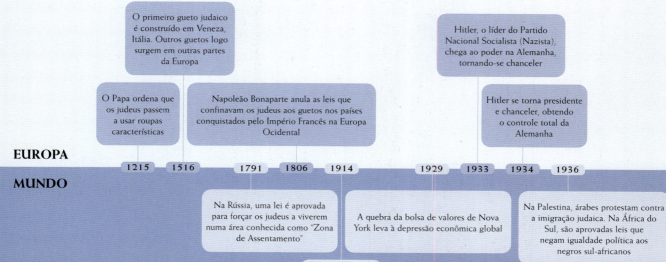

EUROPA

- **1215** — O Papa ordena que os judeus passem a usar roupas características
- **1516** — O primeiro gueto judaico é construído em Veneza, Itália. Outros guetos logo surgem em outras partes da Europa
- **1791 / 1806** — Napoleão Bonaparte anula as leis que confinavam os judeus aos guetos nos países conquistados pelo Império Francês na Europa Ocidental
- **1933** — Hitler, o líder do Partido Nacional Socialista (Nazista), chega ao poder na Alemanha, tornando-se chanceler
- **1934** — Hitler se torna presidente e chanceler, obtendo o controle total da Alemanha

MUNDO

- **1914** — Na Rússia, uma lei é aprovada para forçar os judeus a viverem numa área conhecida como "Zona de Assentamento"
- **1914** — Tem início a I Guerra Mundial (até 1919)
- **1929** — A quebra da bolsa de valores de Nova York leva à depressão econômica global
- **1936** — Na Palestina, árabes protestam contra a imigração judaica. Na África do Sul, são aprovadas leis que negam igualdade política aos negros sul-africanos

	Alemanha invade a Polônia. Emmanuel Ringelblum começa seu diário no gueto de Varsóvia e estabelece o grupo *Oyneg Shabbes*		Tem início a deportação de judeus dos guetos da Polônia e de outras áreas da Europa ocupada pelos alemães para campos de extermínio			Hitler comete suicídio em seu *bunker* em Berlim, Alemanha		
Kristallnacht ("Noite dos Vidros Quebrados") – por toda a Alemanha, os judeus e suas propriedades são atacados		Nazistas estabelecem o gueto judaico de Łódź, Polônia			Levante do gueto de Varsóvia, Polônia		O primeiro tonel de leite cheio de documentos escondidos pelo grupo *Oyneg Shabbes* é encontrado em Varsóvia	
1938	1939	1940	1941	1942	1943	1945	1946	1950
	Tem início a II Guerra Mundial (até 1945)		Japão bombardeia navios em Pearl Harbor, Havaí		Os Estados Unidos lançam bombas atômicas sobre Hiroshima e Nagasaki, no Japão			Na África do Sul, leis são aprovadas para impor o sistema de segregação racial chamado *apartheid* (até 1994)
				Os Estados Unidos entram na guerra				

57

A NOÇÃO DE GUETO

A IDEIA DE SEPARAR OS JUDEUS do convívio com cristãos começou na Era Medieval, quando bispos ou senhores feudais organizaram áreas para o confinamento de judeus. Em Veneza, o quarteirão judeu foi estabelecido no local de uma fundição de metal – ou *ghetto*, em italiano. Na Rússia do século XIX, os judeus foram relegados à Zona de Assentamento, mais aberta e com território maior do que os guetos originais. Quando os nazistas chegaram ao poder, os guetos e os Assentamentos haviam deixado de existir, mas os nazistas retomaram essa concepção de separação.

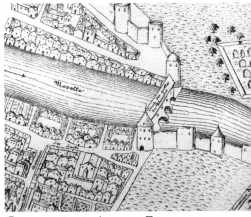

Quarteirões judeus na Europa
Este desenho mostra um quarteirão judeu na França do século XVI, com a muralha o separando do resto da cidade. As condições de vida eram precárias e seus habitantes eram privados do convívio com outras pessoas. Contudo, eles estavam protegidos de ataques e podiam praticar sua religião e administrar suas próprias comunidades.

Quando o gueto de Varsóvia foi estabelecido, um terço da população da cidade foi confinada em uma área de apenas 3,4 km².

A Zona de Assentamento
Em 1791, o Império Russo anexou parte da atual Polônia e criou uma enorme área onde assentou 90% de toda a população judaica, conhecida como Zona de Assentamento. Os judeus só podiam deixar a região mediante uma permissão especial, mas podiam viajar dentro desta enorme área para mercados como este mostrado na foto. Os judeus que viviam no Assentamento pagavam o dobro em taxas em relação aos moradores de outras regiões e eram proibidos de arrendar suas terras ou de ter acesso a educação superior.

OS GUETOS
CAPÍTULO TRÊS

Chapéus e distintivos
Em 1215, o Papa ordenou que todos os judeus usassem algo em suas vestes que os distinguisse. Em alguns lugares, eles usavam chapéus, em outros, distintivos. O homem à direita desta gravura está usando o que ficou conhecido como "chapéu de judeu".

O gueto de Veneza
Seguindo um decreto papal, esse gueto em Veneza foi criado em 1516. Esta rua, na área em que um dia foi o gueto, é atualmente muito diferente do que parecia na Idade Média. As ruas eram extremamente estreitas e andares extras eram construídos nas casas como forma de adaptação ao espaço restrito.

Napoleão fecha os guetos
A Revolução Francesa, em 1789, levou à emancipação dos judeus na França, dando a eles muitos dos direitos dos demais cidadãos franceses. De 1806 em diante, Napoleão extinguiu todos os guetos nos territórios conquistados por ele e aboliu leis que restringiam onde judeus podiam morar.

Criação de guetos pelos nazistas
Este modelo do gueto de Łódź foi feito por um judeu que testemunhou a criação do gueto pelos nazistas, em 1940. O gueto de Łódź era um dos maiores, perdendo apenas para o de Varsóvia. Outros guetos foram construídos seguindo traços similares, embora alguns fossem abertos (sem muros). Quando os nazistas invadiram a Polônia, em 1939, a criação de guetos passou a ser uma prioridade, um meio de controlar e restringir o trânsito de judeus.

Guetos para além da Polônia
Entre 1939 e 1945, os nazistas criaram centenas de guetos na União Soviética, nos Países Bálticos, na Tchecoslováquia, na Romênia e na Hungria. De modo crescente, os guetos foram usados como prisão temporária antes da deportação.

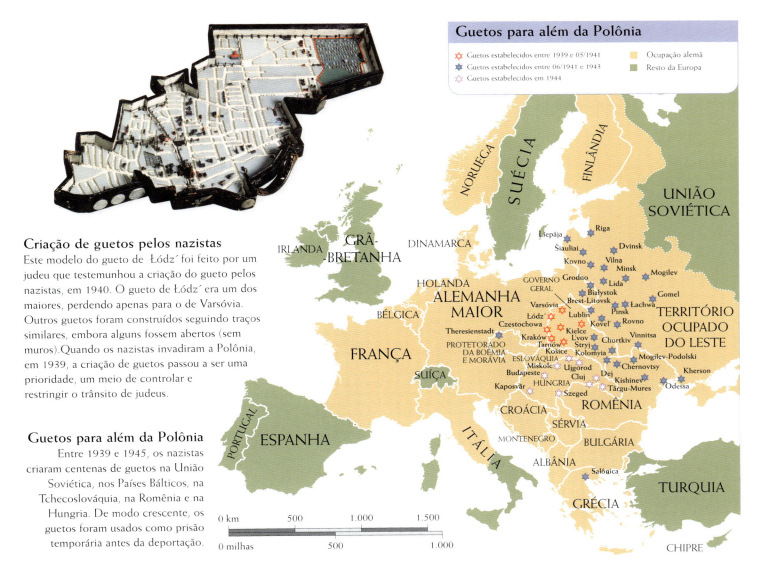

"Se nossos corpos vivem para sempre, isso só é possível através de nossas crianças... Eu só gostaria de estar consciente no momento em que eu morrer. Quero ser capaz de dizer 'adeus' às crianças e lhes desejar liberdade para que possam escolher seus próprios caminhos."

Janusz Korczak, que criou um orfanato para ajudar crianças judias cujos pais haviam sido deportados ou mortos.

Mãe e bebê no gueto de Łódź. Fotografia por Henryk Ross, extraída de seu livro *My Secret Camera*.

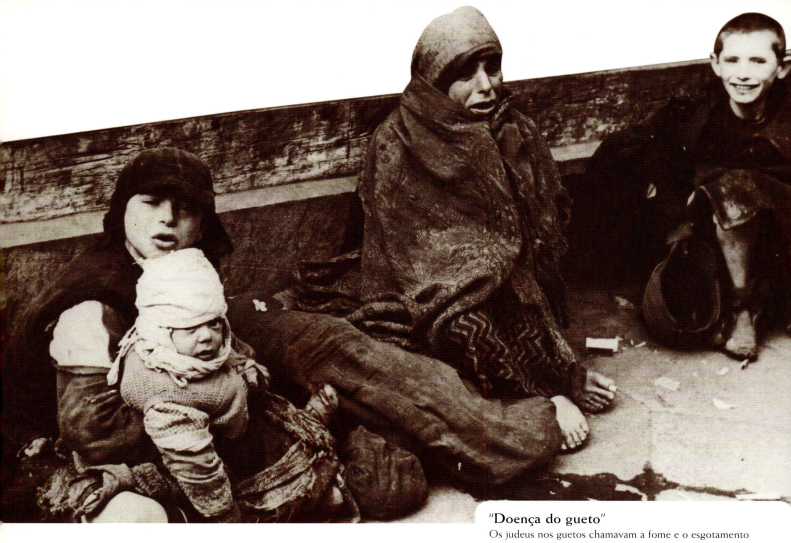

SOFRIMENTO E MISÉRIA

O SOFRIMENTO E A MISÉRIA NOS GUETOS eram causados deliberadamente pelos nazistas. O problema da fome era tão grave que os nazistas levavam as pessoas a consentir com a deportação sob a promessa de receberem alimentos. Embora a principal mazela impingida fosse a fome extrema, os nazistas cometiam outras atrocidades nos guetos, incluindo muitos atos de violência.

"Doença do gueto"

Os judeus nos guetos chamavam a fome e o esgotamento que sofriam no dia a dia de "doença do gueto". Os nazistas limitavam o aporte oficial de comida a uma porção de pão, totalizando uma quantia aproximada de 200 calorias por pessoa ao dia (um décimo da quantia mínima indicada para um adulto). Muitas pessoas, incluindo crianças como estas acima, mendigavam pelas ruas. As pessoas chegavam até mesmo a vender suas roupas e cobertores para comprar comida, mas então morriam de frio quando o inverno chegava.

Desesperados por comida

Durante o Holocausto, os alemães recebiam aproximadamente 93% da quantidade de alimentos a que tinham acesso anteriormente; os poloneses, cerca de 66% e os judeus, apenas 20%. Aumentar essas quantidades através da produção ilegal de alimentos era uma tarefa muito importante, mas perigosa. Em alguns guetos, havia terrenos livres. Estes jovens cultivavam seus alimentos no gueto de Łódź.

Contrabando

Uma solução para a escassez de alimentos era o contrabando. Estes homens estão escalando os muros do gueto de Varsóvia para contrabandear, mas a maioria dos contrabandistas eram crianças, que podiam apertar-se através de buracos nos muros ou se arrastar pelas redes de esgoto. Aqueles com aparência física ariana obtinham maior sucesso, mas o risco de ser capturado era enorme.

OS ROMANI EM GUETOS

Assim como os judeus, os romani eram considerados *Untermenschen*, ou subumanos, pelos nazistas. Mas, ao contrário dos judeus, os romani eram tradicionalmente um povo de hábitos nômades, que vivia em comunidades dispersas de viajantes, em vez de concentrados em cidades e vilarejos. Os nazistas capturavam-nos e os levavam para os já densamente habitados guetos. Lá, eles viviam em condições impeditivas, como neste acampamento de romani no gueto de Łódź. A maioria deles não era acostumada a viver em cidades nem a ficar em um único local, e muitos deles não falavam polonês, o que tornou o cotidiano desse grupo extremamente difícil.

Big Brothers

O Comitê Conjunto Judaico-Americano de Distribuição (JDC) aliviou o sofrimento nos guetos, provendo serviços como este refeitório público em Varsóvia. Mas ele foi proibido de operar na Europa depois que os Estados Unidos entraram na II Guerra Mundial. Em 1943, líderes judeus poloneses escreveram para seus equivalentes americanos solicitando que se tornassem seus "irmãos mais velhos" (*big brothers*, em inglês), que atraíssem atenção à condição em que viviam e que enviassem dinheiro para comida e medicamentos.

Apenas 1% dos abrigos no gueto de Varsóvia dispunha de água corrente.

Morte e doenças

Doenças alastravam-se em todos os guetos. A maioria ficava doente pela escassez e má qualidade dos alimentos. Não havia aquecimento nos guetos e as pessoas sofriam com o frio rigoroso no inverno. Também pegavam infecções por causa da aglomeração de pessoas e da falta de água para fins sanitários. O homem na foto acima está seriamente doente. Avistar pessoas morrendo ou já mortas pelas ruas era algo comum. Estima-se que mais de um milhão de pessoas tenham morrido nos guetos. Se existissem dados estatísticos precisos, esse quadro poderia se revelar ainda maior.

ORGANIZAÇÕES NOS GUETOS

Para executar suas ordens, os nazistas estabeleceram *Judenraete* – conselhos judaicos. A comunidade só podia eleger membros de seus *Judenraete* se houvesse a aprovação dos nazistas. Os conselhos acertadamente suspeitavam que os nazistas os estivessem explorando, mas não ousavam desacatar as ordens recebidas. As comunidades judaicas esperavam que os conselhos pudessem barganhar com os nazistas por melhores condições, o que com frequência tornava o trabalho dos *Judenraete* um difícil número de equilibrismo.

Dinheiro dos guetos
Os nazistas confiscavam o dinheiro e os pertences dos judeus e, em vários guetos, cunhavam moedas e imprimiam papel moeda para uso exclusivo ali. Essas notas dos guetos não tinham valor algum em outros lugares, e os judeus as chamavam de dinheiro de Banco Imobiliário®. Chaim Rumkowski, líder do *Judenrat* do gueto de Łódź, emitiu seu próprio dinheiro, em notas que ganharam o apelido de Rumkies.

Saúde e bem-estar
Além das obrigações que os nazistas impunham, os *Judenraete* também assumiram outras funções. Eles organizaram a divisão de quartos entre famílias, cuidavam dos orfanatos e também estabeleceram clínicas, como esta. A despeito da escassez de recursos, muitos médicos eram corajosos e criativos. O dr. Vittorio Sacerdoti, em Roma, inventou uma doença a que ele deu o nome de "Síndrome K", que assustava os nazistas, evitando a deportação de 45 judeus.

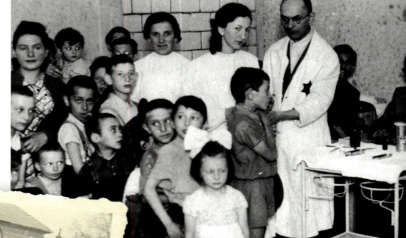

Polícia do gueto
Os nazistas ordenaram aos *Judenraete* que criassem forças policiais. Essas foram as primeiras forças policiais judaicas na Europa, executando tarefas ditadas pelos nazistas e algumas emitidas pelos *Judenraete*. Elas também faziam o que quer que se mostrasse necessário para a comunidade. As polícias dos guetos judeus eram reconhecíveis por seus uniformes e distintivos.

Doença e morte
Hospitais eram administrados pelos *Judenraete* com pouquíssimos recursos, e os médicos encaravam o dilema moral da escolha de quais pacientes alimentar e tratar. Carrinhos de mão como este eram cada vez mais comuns na paisagem dos guetos e tinham uma função dupla – levar os doentes ao hospital e os mortos ao cemitério.

OS GUETOS
CAPÍTULO TRÊS

Trabalho

Para tornar os guetos úteis aos nazistas e assim reduzir o número de deportações, os *Judenraete* criaram tantas fábricas e oficinas quanto puderam. Estes judeus em uma fábrica de roupas no gueto de Varsóvia eram considerados sortudos apesar das longas jornadas de trabalho, porque essa era uma maneira de receberem comida extra.

Racionamento de comida

Os *Judenraete* eram responsáveis pela emissão de cartões de controle do racionamento como este, que conferiam ao seu portador acesso a aproximadamente 200 ou 300 calorias por dia ou a um pedaço de pão que devia durar cinco dias. Por vezes, sequer havia comida disponível à venda. Os *Judenraete* também montavam refeitórios coletivos, em que serviam sopas ou o que estivesse disponível às pessoas.

Mente e corpo

Escolas e orfanatos eram geridos pelos *Judenraete*. Se os nazistas os fechassem, eles continuavam funcionando em segredo. Refeitórios coletivos geralmente serviam também como escola, onde professores contavam histórias e distribuíam comida. Esta gravura, intitulada *Story Hour*, pintada por Pavel Fantl (1903-45) em Terezin, mostra como a educação ajudou as pessoas a sobreviver nos guetos.

MINHA CÂMERA SECRETA

Sentindo que o gueto não sobreviveria, o *Judenrat* de Łódź decidiu fotografar seu cotidiano, permitindo que algum dia sua história pudesse ser contada. Em segredo, muitos trabalhadores tiravam fotos do que os nazistas faziam e do que estes os obrigavam a fazer. Um fotógrafo, Henryk Ross, registrou o dia a dia e situações pessoais. Esta foto – uma das 3.000 que ele tirou – mostra dois garotos brincando de "polícia e ladrão", um deles vestido como um soldado da polícia do gueto. Ross sobreviveu ao Holocausto e achou os negativos que ele havia escondido, alguns ainda em boas condições.

VIDA CULTURAL E RESISTÊNCIA ESPIRITUAL

Apesar das altas muralhas dos guetos e da força militar nazista, muitas pessoas conseguiram escapar ou resistir em seus corações e mentes. Para a maioria, a resistência significava agarrar-se ao amor da família e dos amigos, manter-se ligado à tradição e fortalecer suas esperanças. Foi, de fato, um enorme tributo ao espírito humano que, embora os nazistas tentassem desumanizá-los, os judeus tenham feito todo o esforço possível para resistir e preservar sua humanidade.

Movimentos da juventude judaica
Grupos de jovens tornaram-se ainda mais importantes após o fechamento das escolas pelos nazistas. Esses grupos ofereciam educação ou treinos, envolviam os jovens em atividades de assistência social, e proviam esperança e inspiração para o futuro. Aqui, membros do grupo Fronte da Geração do Deserto, em Łódź aproveitam a companhia um do outro, dançando em roda.

Crianças nos guetos
Os pais de muitas crianças morreram de fome ou doenças ou foram deportados para campos de concentração. Em Varsóvia, Janusz Korczak dirigia um grande orfanato. Quando os nazistas deportaram as crianças para o campo de extermínio, ele foi com elas para não deixá-las sozinhas. Tal evento é retratado nesta escultura no cemitério judaico de Varsóvia.

Passando fome e estudando
Em Varsóvia, alguns médicos decidiram que algum bem deveria vir de todo o sofrimento causado pela fome que todos estavam passando. Eles estudaram os efeitos da desnutrição no cérebro e no corpo e suas valiosas pesquisas foram publicadas após o Holocausto. Aqui, a equipe médica, também sofrendo com a desnutrição, tenta dar tratamento a uma paciente debilitada pela fome.

Risos e lágrimas
Muitas pessoas descobriram que todo o sofrimento podia ser momentaneamente esquecido ao escutarem performances musicais, como nesta orquestra do gueto. Os judeus precisavam expressar sua tristeza, mas com frequência também faziam piadas a respeito das condições no gueto. Muitos guetos possuíam teatros vicejantes, o que significava muito tanto para os atores, quanto para a audiência. Compartilhar o pranto e o riso foi uma forma importante que os habitantes dos guetos encontraram para sentir que ainda eram seres humanos, qualquer que fosse a situação a que estavam sendo submetidos.

Mais de 6.000 desenhos e pinturas foram escondidos no gueto de Terezin durante o Holocausto.

"O Führer constrói uma cidade para os judeus"
Terezin, lugar que os nazistas chamavam de Theresienstadt, era chamado de "gueto--modelo" na Tchecoslováquia. As pessoas podiam obter materiais artísticos e criaram muitos desenhos e pinturas, como este feito por uma criança, que expressa memórias de uma vida mais feliz. Mas os filmes de propaganda nazista exageravam absurdamente a respeito das atividades educacionais e culturais que eram conduzidas ali, fingindo que essa era uma cidade que Hitler construíra especialmente para os judeus.

Rezando e louvando
Cultos continuavam a ocorrer nos guetos e eram ainda mais intensos durante o Holocausto, apesar (ou talvez por causa) do fato de os nazistas terem proibido essa prática. Muitos, como este grupo estudando os textos hebraicos no gueto de Cracóvia, fizeram enormes sacrifícios para praticarem sua religião, correndo o risco de serem descobertos.

VOZES
A VIDA NOS GUETOS

A vida nos guetos era apavorante. Superlotação e condições insalubres causavam doenças e no inverno as pessoas morriam de frio. Nunca havia comida suficiente, apesar daqueles que se arrastavam através dos muros do gueto, arriscando suas vidas na tentativa de contrabandear comida, mesmo que fosse simplesmente alguns pães ou batatas. As pessoas eram deportadas aos milhares, mas ninguém sabia ao certo para onde eram levadas.

"Havia identificações por muitas quadras em torno do gueto, que foi primeiro isolado e depois cercado com muros enormes, com cerca de 3 metros de altura e vidro no topo para que não pudéssemos escalá-los... Por outro lado, eles se esqueceram de um pequeno buraco na parte de baixo para que a água escoasse, como uma calha... Era bem pequeno, mas o tamanho era suficiente para que eu, então criança, pudesse passar rastejando. Eu não era o único que fazia isso, outras crianças também o faziam sem saber o que acontecia do outro lado. Então você conseguia passar para o lado de fora, e eu ia lá e comprava comida. Eu não podia carregar muita coisa. Comprava um pão, às vezes algumas batatas, e pouca coisa mais — tudo muito barato, para não gastar muito e trazer para dentro. Meu pai vendia uma parte e comíamos o restante."

"Nós tínhamos que ir a um poço para pegar água, que congelava durante o inverno. Era um tipo de vida muito, muito difícil de acreditar. Estávamos ali para sermos usados como força de trabalho. Meu pai era obrigado a reforçar as cercas que rodeavam o gueto e nos davam tão pouco alimento que em três meses meu pai morreu de fome. Embora isso seja de se esperar se alguém está doente, quando você vê alguém desvanecer assim, fica pensando que em pouquíssimo tempo você terá o mesmo fim. O mais traumático a respeito da morte do meu pai foi a falta de um enterro. Os cadáveres eram abandonados fora de casa, nas ruas, e uma carroça vinha pela manhã recolhendo quem havia morrido durante a noite. Era possível ver pilhas de corpos."

Henry Greenblatt
(Nascido na Polônia, em 1930)
Henry conta como ele e outras crianças costumavam escapar do gueto de Varsóvia para conseguir algum alimento.

Henry Oster
(Nascido na Alemanha, em 1928)
A família de Henry foi deportada em 1941 para o gueto de Łódź, na Polônia, onde seu pai morreu.

OS GUETOS
CAPÍTULO TRÊS

"O QUE EU posso dizer? Só consigo falar sobre Terezin e como isso salta à memória quando eu penso no que veio depois. Enquanto estivemos lá, foi... havia muita morte, constantemente. Havia epidemias, as pessoas tinham encefalite, que é uma inflamação da membrana do cérebro, tinham icterícia, eu também tive. Sem esquecer da proximidade de pessoas vivendo tão juntas — se um pegava algo, todos pegavam. Não havia medicação ou se havia, era muito pouca. Então, quem melhorasse, melhorava, e quem não melhorasse, morria. Especialmente os idosos... os idosos morriam como moscas. O que mais me lembro? Nós ainda estávamos juntos... ainda vestíamos roupas normais, mesmo que fossem velhas e não estivessem boas, ainda tínhamos nossos cabelos e parecíamos seres humanos. Isso é o que se destaca."

"NÓS FICAMOS NO gueto por algumas semanas e o transporte acontecia o tempo inteiro. Trens e mais trens partiam e nós não sabíamos para onde. Eram trens de carga. Alguns diziam que eles estavam indo trabalhar nos campos, outros diziam que estavam indo para a Polônia. Corriam todo tipo de rumores. Todos queriam saber para onde iam os trens, então, a cada cinco minutos, ouvia-se algo novo. 'Eles estão indo para boas fazendas, vão trabalhar!' E então: 'Não! Eles estão indo para lugares horríveis!' Aquilo nos inquietava tanto que não comíamos nem dormíamos — ficamos doentes de preocupação. Famílias estavam sendo separadas e vizinhos levados embora. Era um lugar horrível, horrível."

Thea Rumstein
(Nascida na Áustria, em 1928)
Thea descreve as terríveis condições de vida no gueto de Terezin, na Tchecoslováquia ocupada.

Peter Hersch
(Nascido na Tchecoslováquia, em 1930)
Peter relembra seus tempos no gueto Mukachevo e do medo causado pelas constantes deportações.

69

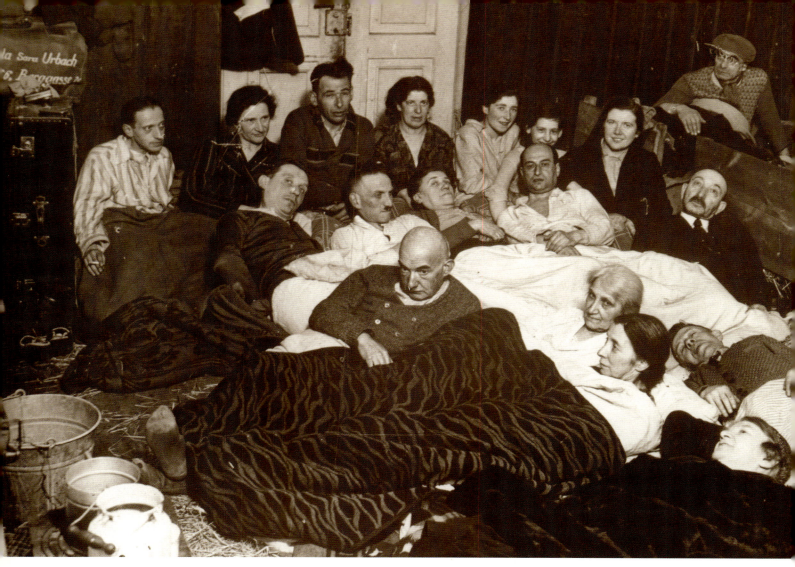

Adam Cherniakov, Varsóvia

Como líder do *Judenrat* de Varsóvia, Cherniakov recebeu o aviso, em julho de 1942, de que os nazistas pretendiam deportar 6.000 judeus por dia até que não restasse nenhum. Cherniakov conseguiu obter exceções para alguns judeus, incluindo a garota nesta foto, mas os nazistas não pouparam as crianças do orfanato de Korczak. No dia seguinte, em um ato de protesto, Cherniakov cometeu suicídio.

Yakob Gens, Vilna

Os nazistas extinguiram o *Judenrat* do gueto de Vilna e apontaram Gens, antes o chefe da polícia do gueto, como encarregado-chefe. Quando ordenaram-lhe que apresentasse vítimas, Gens entregou os idosos, acreditando que um gueto produtivo sobreviveria. Seu objetivo era garantir a sobrevivência de pelo menos alguns judeus e ele explicou que se não entregasse mil, os nazistas apanhariam dez mil. Ele disse: "Que os idosos dentre os judeus possam nos perdoar. Eles foram um sacrifício para nossos judeus e nosso futuro".

Chaim Rumkowski, Łódź

Rumkowski – mostrado aqui com o chefe nazista da administração do gueto – foi apelidado de Rei Chaim. Ele acreditava que a melhor forma de proteger a maioria dos judeus era entregar aos nazistas o que quer que fosse solicitado. Quando vieram os chamados para deportação, ele instou pais a entregarem seus filhos.

EXTINÇÃO DOS GUETOS

Mesmo enquanto os guetos eram esvaziados, nem sempre estava claro para seus habitantes o que viria a seguir. Os judeus tinham diversas fantasias e medos sobre seu destino. Alguns sabiam a respeito dos campos de extermínio e não resistiram à deportação. Alguns tentaram escapar. Outros não sabiam ou não queriam saber.

Enchendo e esvaziando
A superlotação desta sala, na Polônia, era típica dos guetos em toda parte. Geralmente, várias famílias tinham de dividir um único quarto e conversas pessoais entre familiares ou privacidade entre marido e mulher eram impossíveis. As pessoas queimavam suas mobílias para cozinhar e para se aquecer, e tinham de dormir no chão, às vezes em turnos.

Dizendo adeus
A liquidação dos guetos separou muitas famílias. Esta mãe está se despedindo de seu filho. Às vezes, as crianças eram deportadas por serem menos úteis aos nazistas. Pais que eram deportados por vezes escondiam seus filhos ou confiavam-nos a qualquer um que pudesse cuidar deles.

Uma carta de despedida
Zipporah Berman enviou este bilhete amoroso e cheio de afeto para sua irmã que já vivia na terra de Israel, sabendo que talvez nunca mais voltasse a vê-la. Ela escreveu em hebraico, língua que aprendeu porque esperava ir viver na terra dos judeus também.

Um aceno final
Em alguns guetos, as deportações eram feitas de trem. Aqui, no entanto, judeus são amontoados sobre caminhões, o que dá a entender que a viagem seria de apenas poucas horas. É de se pensar para quem essas mulheres estão acenando enquanto são levadas embora, se sabiam para onde estavam sendo levadas e o que aconteceria com elas.

MAIORES GUETOS	
Varsóvia, Polônia	400.000–500.000
Łódź, Polônia	205.000
Lvov, Ucrânia	110.000
Minsk, Bielorrússia	100.000
Terezin, Tchecoslováquia	90.000
Budapeste, Hungria	70.000
Chernovtsy, Romênia	50.000
Białystok, Polônia	35.000–50.000
Riga, Letônia	43.000
Vilna, Lituânia	41.000
Kovno, Lituânia	40.000
Lublin, Polônia	34.000

Números populacionais dos maiores guetos
Em meses, estas enormes populações judaicas foram reduzidas a apenas alguns milhares, conforme os nazistas realizavam deportações em massa.

VOZES EXTINÇÃO DOS GUETOS

Embora a vida nos guetos fosse extremamente dura, muitas pessoas sequer podiam imaginar o quanto a situação se tornaria ainda pior. Famílias foram separadas e amontoadas em vagões para gado, o medo crescia e os rumores se espalhavam. As condições eram terríveis e muitas pessoas morriam na jornada, antes mesmo de chegar aos campos de extermínio.

"Então embalamos o que tínhamos e, claro, todas as roupas. Fomos levados ao trem, um daqueles de transportar gado, e fomos embarcados. Devia haver uns cem, 120 de nós; fomos empurrados, apertados como sardinha. Eu me lembro de nos empurrarem porque os vagões estavam cheios, mas eles continuavam a enfiar pessoas lá dentro. Não havia janelas, a não ser uma pequenina no teto, com umas grades; lembro-me disso porque eu tinha de ser levantado para ver se passávamos por alguma estação, para dizer a todos que tipo de estação era. Então os pequenos dentre nós eram içados. E de Mukachevo o trem foi direto para Auschwitz... Chegamos em Auschwitz; eu me lembro que foi durante o dia que chegamos... As pessoas choravam. Havia pessoas falando, dizendo: 'Onde estão nos levando? O que vão fazer conosco? Seremos todos mortos?' e outros diziam: 'Não fale assim!'"

Peter Hersch
(Nascido na Tchecoslováquia, em 1930)
Peter e sua família foram deportados do gueto de Mukachevo para Auschwitz, em 1944.

"ENTRAMOS NOS VAGÕES, olhamos em volta e havia somente um pequeno buraco na parte do teto do vagão, então pensamos: 'Aonde estamos indo? Aonde estamos indo?' Ninguém sabia para onde iríamos. Mas então, quando abriram as portas, quer dizer, foram três dias de agonia — não havia comida, nem banheiro; não sei onde fazíamos, onde quer que estivéssemos — e de repente abriram-se as portas e vimos 'Arbeit Macht Frei' ['O trabalho liberta'] e 'Oswiecim' ['Auschwitz'], sabe, essa era a estação. E sempre que vejo essa coisa de trem, sabe... é terrível."

"NO DIA SEGUINTE, meu pai me disse: 'Eu quero falar com você'. Ele disse: 'Sempre se lembre de que você é uma judia.' Ele disse: 'O que quer que aconteça, lembre-se sempre disso e lembre de seu sobrenome porque eu espero que todos nós sobrevivamos. Mas caso você não me veja e sobreviva, vá a Jerusalém porque nós temos um primo lá'. E ele me fez repetir o nome e o endereço de nosso primo muitas vezes. Eu tinha nove anos de idade. 'Diga a ele que seu sobrenome é Silberberg. Diga a ele quem você é e ele vai recebê-lo.' Aquilo foi tão triste para mim. Partimos juntos: minha tia e eu, e meu pai com a minha mãe. De um lado estavam as vias do trem, e do outro estava o portão onde a guarda SS ficava vigiando o gueto. Lembro que meu pai se virou e eu me virei também e queria muito que minha mãe também virasse, mas ela não o fez, ela continuou seguindo adiante. Aquela foi a última vez que os vi."

Thea Rumstein
(Nascida na Áustria, em 1928)
Thea e sua mãe foram deportadas para Auschwitz, onde puderam se juntar a seu pai e seu irmão.

Rose Silberberg-Skier
(Nascida na Polônia, 1934)
Os pais de Rose foram deportados em 1943 do gueto de Srodula. Ela escondeu-se com a tia.

O LEVANTE DO GUETO DE VARSÓVIA

O LEVANTE DO GUETO DE VARSÓVIA foi um dos eventos mais marcantes do Holocausto. Os judeus que resistiram estavam em imensa desvantagem numérica em relação aos nazistas, embora tenham conseguido levantar dúvidas quanto a capacidade e a confiança deles. Esse motim inspirou ainda a rebelião e fuga do campo de concentração de Treblinka e um levante no resto de Varsóvia.

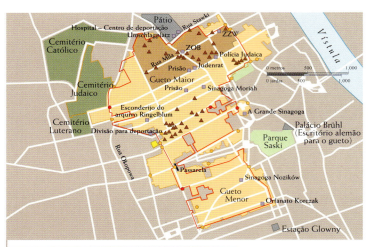

Legenda do mapa
- Gueto no momento do motim, em 1943
- Gueto em 1940
- Fronteiras em 22 de julho de 1942, quando as deportações iniciaram
- Entradas do gueto em 1940
- Entradas do gueto em 1942
- Depósito SS de bens retirados de judeus
- *Bunkers* e locais de confrontos

O maior gueto
Quando os nazistas criaram o gueto de Varsóvia em outubro de 1940, cerca de 350.000 judeus viviam na cidade – quase 30% da população local. O gueto tornou-se vinte vezes mais densamente habitado do que o resto de Varsóvia e, como mostra este mapa, os nazistas reduziram ainda mais a sua área.

Muros por toda parte
Em novembro de 1940, os nazistas cercaram o gueto, obrigando os internos a construírem um muro de três metros de altura ao redor dele. Eles tinham como objetivo tornar impossível o acesso dos judeus a outras partes de Varsóvia. A despeito disso, a União Militar Judaica (ZZW – Jewish Military Union) organizou o contrabando de comida e de armas.

De Varsóvia para...?
Em julho de 1942, os nazistas anunciaram a transferência de 6.000 judeus por dia em "direção ao leste". Isso era alarmante, mas os judeus não sabiam exatamente o porquê. Até setembro, 300.000 já haviam sido levados desta estação rumo a campos de extermínio, onde a maioria foi exterminada imediatamente após a chegada. Restaram cerca de 55.000 pessoas no gueto.

Durante o levante do gueto de Varsóvia, os alemães tinham 135 metralhadoras contra apenas duas dos judeus, e 1.358 rifles contra quinze.

OS GUETOS
CAPÍTULO TRÊS

O gueto luta

Em janeiro de 1943, durante as deportações, membros da Organização de Luta Judaica (ZOB – Jewish Fighting Organization) abriram fogo contra as tropas alemãs. Os soldados bateram em retirada após poucos dias. Embora a vitória tenha sido apenas temporária, ela encorajou os revoltosos. Este memorial em Varsóvia celebra a determinação desses lutadores.

O gueto se levanta em revolta

Em 19 de abril de 1943, polícia e tropas alemãs entraram no gueto com o intuito de deportar todos os judeus que ainda restavam lá. Era a noite da celebração judaica da Passagem, o festival da libertação dos judeus – e a liberdade era o tema presente nos corações dos 750 combatentes daquele gueto, que estavam determinados a lutar até o fim. O general Jürgen Stroop, o chefe de polícia, ordenou às suas tropas que incendiassem o gueto.

O combate continua

O incêndio se alastrou e os revoltosos estavam em grande desvantagem numérica em relação aos nazistas. Mesmo sabendo que não tinham chances, eles recusavam-se a se render. Muitos se entrincheiravam nos porões, enquanto alguns passavam de prédio em prédio pela rede de esgoto. Outros foram capturados em meio a escombros.

A revolta é esmagada

Ao ordenar a inundação dos esgotos, Stroop finalmente derrotou a revolta em 16 de maio de 1943. Dos 55.000 judeus capturados cerca de 7.000 foram fuzilados e os demais, levados aos campos de extermínio. Em seu relatório, Strood escreveu: "O gueto não existe mais". Os revoltosos haviam resistido por três semanas – três semanas a mais do que Strood imaginou que suas forças precisariam para vencê-los.

O ARQUIVO RINGELBLUM

Em muitos guetos, os habitantes sentiram a necessidade de registrar suas experiências e assim mostrar ao mundo – o de então e o futuro – o que estava acontecendo. A coleção mais vasta foi encontrada em Varsóvia. O Arquivo Ringelblum, que leva o nome do historiador que iniciou a pesquisa, é uma das maiores fontes de informação sobre as atividades nazistas, as condições nos guetos e as reações dos judeus.

Emmanuel Ringelblum
Ringelblum começou seu diário em 1939, vindo a usá-lo depois para registrar e refletir sobre a vida no gueto. Ele escrevia por horas na biblioteca (à esquerda, na foto), que ainda existe, embora a Grande Sinagoga à frente dela tenha sido destruída pelos nazistas. Quando as deportações começaram, ele quis retratar uma gama maior de experiências e ideias vividas no gueto, por isso instou outros a juntarem-se a ele em sua pesquisa e criatividade.

"Delícias de *Shabat*"
O grupo Ringelblum encontrava-se na biblioteca nas tarde de sábado e se chamavam *Oyneg Shabbes*, que significa "Delícias de *Shabat*". Eles escreviam e desenhavam em qualquer pedaço de papel que pudessem obter. Eles também coletavam escritos e desenhos de crianças e outros adultos, e amostras de eventos comunitários como o concerto anunciado neste pôster. Ringelblum era extremamente orgulhoso do modo como o grupo trabalhava em união, voltado a um bem comum.

"Entre a vida e a morte"
O grupo *Oyneg Shabbes* pensava que se o mundo livre soubesse a verdade sobre os guetos, isso poderia fortalecer a luta contra o nazismo. Vendo isso como um ato de resistência, eles contribuíam com todo tipo de material para o arquivo. Gela Seksztajn, que doou este auto-retrato para o arquivo, descreveu a si mesma como estando "na fronteira entre a vida e a morte" e instou judeus a fazerem tudo para impedir a repetição da tragédia.

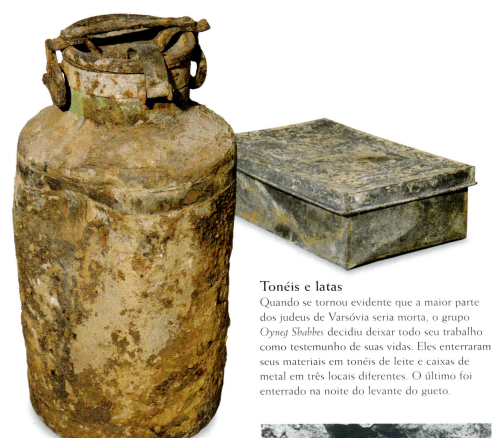

> *O arquivo Ringelblum contém cerca de 25.000 páginas de depoimentos, obras de arte, literatura e correspondência.*

Tonéis e latas
Quando se tornou evidente que a maior parte dos judeus de Varsóvia seria morta, o grupo *Oyneg Shabbes* decidiu deixar todo seu trabalho como testemunho de suas vidas. Eles enterraram seus materiais em tonéis de leite e caixas de metal em três locais diferentes. O último foi enterrado na noite do levante do gueto.

Desenterrando um achado
Os nazistas descobriram os líderes do grupo *Oyneg Shabbes* e os fuzilaram. O único líder a sobreviver ao Holocausto foi Hersz Wasser, assistente de Ringelblum. Ele se lembrava onde alguns dos tonéis e latas haviam sido enterrados e em 1946 ajudou a desenterrá-los (foto à direita). Um segundo esconderijo foi descoberto em 1950, mas o terceiro nunca foi encontrado.

Peneirando e separando
A biblioteca onde o grupo *Oyneg Shabbes* costumava se encontrar é hoje a sede do Instituto Histórico Judaico. Aqui, os arquivistas do Instituto estão organizando alguns dos materiais achados nos tonéis enferrujados logo após sua descoberta. Todo o material foi enterrado às pressas e por isso estava em más condições quando foi desenterrado.

Gritar a verdade
Dawid Graber tinha 19 anos quando ajudou a enterrar o material no primeiro esconderijo, em agosto de 1942. Dentre os documentos, havia esta página, com seu testamento e último desejo. A página sofreu alguns danos pela umidade, mas sob o microscópio, as palavras são nítidas: "Eu adoraria ver o momento em que o grande tesouro for desenterrado e puder gritar a verdade para o mundo... Que o tesouro caia em boas mãos, que resista até tempos melhores, que deixe o mundo em estado de alarme e alerta".

CAPÍTULO QUATRO

O ASSASSINATO DAS VÍTIMAS

O DELIBERADO EXTERMÍNIO das pessoas que os nazistas acreditavam não possuir o direito de viver ficou conhecido como o Holocausto. Vários métodos foram utilizados para tornar o assassínio cada vez mais sistemático e eficiente. Entre 1933 e 1945, mais de 10 milhões de homens, mulheres e crianças foram mortos – sendo aproximadamente seis milhões judeus e cerca de meio milhão romani.

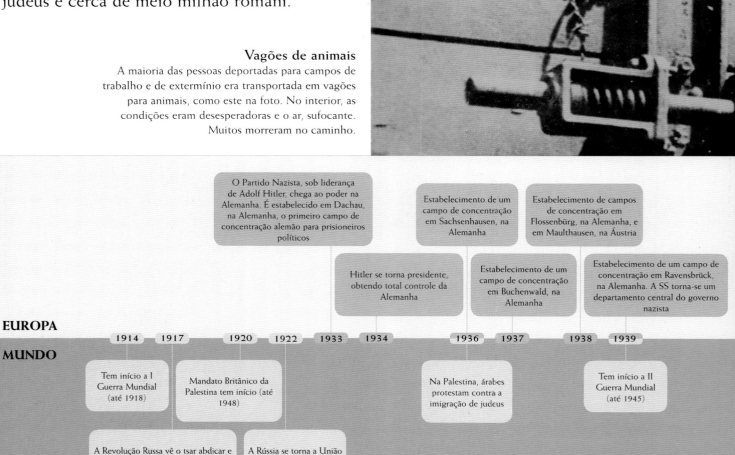

Vagões de animais
A maioria das pessoas deportadas para campos de trabalho e de extermínio era transportada em vagões para animais, como este na foto. No interior, as condições eram desesperadoras e o ar, sufocante. Muitos morreram no caminho.

EUROPA

- 1914
- 1917
- 1920
- 1922
- 1933 — O Partido Nazista, sob liderança de Adolf Hitler, chega ao poder na Alemanha. É estabelecido em Dachau, na Alemanha, o primeiro campo de concentração alemão para prisioneiros políticos
- 1934 — Hitler se torna presidente, obtendo total controle da Alemanha
- 1936 — Estabelecimento de um campo de concentração em Sachsenhausen, na Alemanha
- 1937 — Estabelecimento de um campo de concentração em Buchenwald, na Alemanha
- 1938 — Estabelecimento de campos de concentração em Flossenbürg, na Alemanha, e em Maulthausen, na Áustria
- 1939 — Estabelecimento de um campo de concentração em Ravensbrück, na Alemanha. A SS torna-se um departamento central do governo nazista

MUNDO

- 1914 — Tem início a I Guerra Mundial (até 1918)
- 1917 — A Revolução Russa vê o tsar abdicar e os bolcheviques (comunistas) chegam ao poder
- 1920 — Mandato Britânico da Palestina tem início (até 1948)
- 1922 — A Rússia se torna a União das Repúblicas Socialistas Soviéticas (URSS)
- 1936 — Na Palestina, árabes protestam contra a imigração de judeus
- 1939 — Tem início a II Guerra Mundial (até 1945)

Ano	Evento
1940	Abandonado o plano nazista de deportação dos judeus da Europa para Madagáscar, na costa sudeste da África. Estabelecimento de campos em Auschwitz, na Polônia
1941	Estabelecimento de campos em Chelmno, Majdanek e Auschwitz-Birkenau, na Polônia invadida, e em Terezin (Theresienstadt), na atual República Tcheca. Massacre de 33.771 judeus em Babi Yar, Ucrânia. Japão bombardeia navios americanos em Pearl Harbor, no Havaí
1942	Na Conferência de Wannsee, em Berlim, os nazistas se engajam na "Solução Final". Estabelecimento de campos em Belzec, Treblinka e Sobibor, na Polônia. Os *Einsatzgruppen* (grupos nazistas de extermínio) entram na União Soviética. Os Estados Unidos entram na II Guerra Mundial
1943	O campo de Bergen-Belsen, na Alemanha, torna-se um campo de concentração
1944	A Alemanha invade e ocupa a Hungria. Deportação massiva de judeus húngaros para Auschwitz. A Romênia retira-se da guerra
1945	Tem início o julgamento de crimes de guerra de Nuremberg contra os líderes nazistas alemães. Os Estados Unidos lançam bombas atômicas sobre Hiroshima e Nagasaki, Japão
1948	Declarada a criação do Estado Judaico de Israel. Começa o conflito árabe-israelense na Palestina (até 1949)

CAPÍTULO QUATRO — O ASSASSINATO DAS VÍTIMAS

A ROTA ATÉ OS CAMPOS DE EXTERMÍNIO

A palavra Holocausto geralmente remete a imagens de assassinatos em massa em câmaras de gás. Embora seja verdade que a maioria das vítimas foi morta dessa forma, este não era o plano original dos nazistas. É provável que a ideia dos campos de extermínio tenha surgido gradualmente. No início do Holocausto, as vítimas eram mortas em números menores, de maneira menos regular e por meio do uso de muitos métodos diferentes, e isso pavimentou o caminho para os campos de extermínio.

Indignos de viver?
O código dos nazistas para a prática do assassinato de portadores de deficiência mental ou física – ou "vidas indignas de viver" – era *Aktion T4*. O Instituto Hartheim, acima, foi um dos seis hospitais onde os nazistas exterminavam pessoas utilizando gás venenoso, arma de fogo ou injeção letal. Aproximadamente 275.000 pessoas foram mortas sob a ordem *Aktion T4*.

Campos de concentração
Muitas pessoas foram encarceradas em campos de concentração. A maioria, como estas mulheres em Plaszóvia, na Polônia, não havia cometido nenhum crime. Em 1933, policiais e tropas de assalto começaram a estabelecer campos na Alemanha, e por volta de 1939 havia seis grandes campos e outros menores.

Trabalho escravo
Os nazistas tratavam suas vítimas como escravos – eles eram uma fonte desprezada de trabalho gratuito. A maioria dos trabalhos em campos de concentração era de atividades duras, sujas e arriscadas. Os nazistas submetiam suas vítimas a trabalho extenuante até a morte, de modo que as pessoas só sobrevivessem enquanto fossem úteis. Estes homens em Flossenbürg, na Alemanha, eram forçados a britar pesados blocos de rochas.

Unidades móveis de extermínio

Foram designadas unidades especiais conduzidas pela SS e pela polícia para assassinar judeus. Denominadas *Einsatzgruppen*, elas surgiam logo após invasão militar alemã de outros países, como a Polônia e a União Soviética. Na imagem ao lado, uma *Einsatzgruppe* força os judeus a cavarem um fosso e então dispara contra eles, de modo que caiam nos túmulos abertos. Estima-se que as *Einsatzgruppen* assassinaram 1,4 milhão de judeus.

Reinhard Heydrich

O comandante-chefe das *Einsatzgruppen* era Reinhard Heydrich. Ele acreditava que a obrigação de matar as vítimas do nazismo não deveria ser adiada. Ele tinha vários apelidos, incluindo "o açougueiro de Praga", "a fera loira" e "o carrasco". Foi assassinado em 1942 e recebeu honras de Estado em seu funeral, que foi acompanhado por Hitler.

Estima-se que os nazistas tenham estabelecido mais de 15.000 campos de concentração nos países ocupados.

Vans-câmaras de gás

As *Einsatzgruppen* queriam meios mais eficientes de matar que não fosse a tiros ou por inanição. Para isso, adaptaram vans selando a parte frontal interna e despejando o gás do escapamento no compartimento dos fundos. Eles carregavam a parte traseira com suas vítimas e dirigiam até alguma trincheira ou cova. As vítimas morriam em meia hora.

CERTO DIA EM JÓZEFÓW

Em 3 de julho de 1942, o general Wilhelm Trapp ordenou a 500 policiais alemães que matassem 1.800 judeus em Józefów, na Polônia. Ele acrescentou que ninguém seria obrigado a tomar parte, mas apenas 12 não o fizeram. Os outros arrebanharam os idosos, mães com bebês e crianças antes de levar todos às florestas. Os policiais dispararam contra eles um por um. Alguns soldados faziam os judeus se ajoelharem com as mãos para cima e, sorrindo, posavam para fotos próximos a suas vítimas. Muitos pensam que aqueles que perpetraram tais assassinatos deveriam estar "obedecendo ordens", mas esse não era sempre o caso – como certamente não foi naquele dia em Józefów.

CAPÍTULO QUATRO — O ASSASSINATO DAS VÍTIMAS

CAMPOS DE CONCENTRAÇÃO NA ALEMANHA

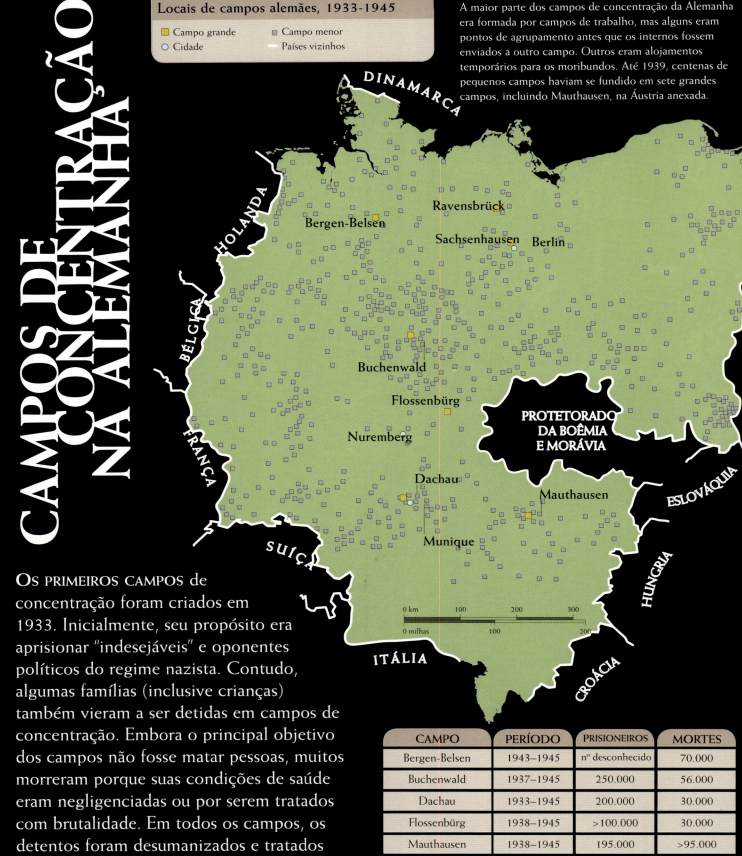

Locais de campos alemães, 1933-1945
- Campo grande
- Cidade
- Campo menor
- Países vizinhos

Campos alemães
A maior parte dos campos de concentração da Alemanha era formada por campos de trabalho, mas alguns eram pontos de agrupamento antes que os internos fossem enviados a outro campo. Outros eram alojamentos temporários para os moribundos. Até 1939, centenas de pequenos campos haviam se fundido em sete grandes campos, incluindo Mauthausen, na Áustria anexada.

OS PRIMEIROS CAMPOS de concentração foram criados em 1933. Inicialmente, seu propósito era aprisionar "indesejáveis" e oponentes políticos do regime nazista. Contudo, algumas famílias (inclusive crianças) também vieram a ser detidas em campos de concentração. Embora o principal objetivo dos campos não fosse matar pessoas, muitos morreram porque suas condições de saúde eram negligenciadas ou por serem tratados com brutalidade. Em todos os campos, os detentos foram desumanizados e tratados como meros objetos.

CAMPO	PERÍODO	PRISIONEIROS	MORTES
Bergen-Belsen	1943–1945	nº desconhecido	70.000
Buchenwald	1937–1945	250.000	56.000
Dachau	1933–1945	200.000	30.000
Flossenbürg	1938–1945	>100.000	30.000
Mauthausen	1938–1945	195.000	>95.000
Ravensbrück	1939–1945	150.000	>90.000
Sachsenhausen	1936–1945	>200.000	100.000

Trabalho forçado
Os prisioneiros tinham que trabalhar por longos períodos em pelo menos seis dias da semana, geralmente em condições difíceis, sujas ou perigosas. Além de obras de construção e pedreiras, havia oficinas e fábricas que produziam itens necessários ao governo alemão. Em 1938, a SS começou a usar os campos de trabalho para obter lucro.

Uma dieta pobre
Nunca havia alimento suficiente para os detentos. A comida era sempre a mesma, o que impedia uma dieta balanceada, e muitos morriam de inanição. Estas mulheres, em Mauthausen, fazem fila para receber um prato de sopa, geralmente feita de batata e repolho. O outro alimento fundamental era o pão.

Experimentos médicos
Alguns campos usavam detentos para testar novos produtos e procedimentos. Experimentos para investigar quanta dor as pessoas poderiam suportar em câmaras barométricas, por exemplo, ocorreram em Dachau, em 1942. Os achados serviam aos interesses da força aérea alemã, mas as pesquisas eram dolorosas para os participantes. Este detento romani está sofrendo depois de ser forçado a beber água salgada para detectar se ela é potável ou não.

Condições de vida
As pessoas eram forçadas a viver em condições degradantes e insalubres. Estes prisioneiros, em Buchenwald, estão amontoados em beliches coletivos, o que dificultava o sono. Os campos eram também imundos. Na maior parte do tempo não havia água quente para banho e, por vezes, não havia água nenhuma. Durante o verão os campos eram sufocantes de calor, e no inverno, cruelmente frios.

OS JUDEUS DA UNIÃO SOVIÉTICA

Vida judaica antes da Revolução Russa
Por séculos, a vida dos judeus na Rússia gravitou em torno da tradição judaica de oração, estudos e ações de caridade. No *shtetl*, a sinagoga era o coração da comunidade judaica e a educação focava nas discussões dos significados dos textos tradicionais, como estes garotos estudando a Torá com seu professor.

OS JUDEUS VIVERAM EM TERRAS RUSSAS por aproximadamente 1.500 anos, mas a partir do fim do século XIX, o antissemitismo forçou muitos a imigrarem para o Ocidente ou para a Palestina. Muitos dos que permaneceram envolveram-se em grupos que lutavam por uma sociedade mais igualitária, mas até mesmo esses grupos eram antissemitas. Então, em 1897, os judeus criaram seu próprio movimento, chamado Bund. Isso reanimou a autoconfiança dos judeus e desenvolveu uma moderna cultura judaica que ainda estava ativa quando a Rússia se tornou a União Soviética, após a Revolução de 1917.

Judeus sob o domínio do comunismo
Na Revolução de 1917, o Império Russo foi derrubado e os comunistas, após algum tempo, criaram a União das Repúblicas Socialistas Soviéticas (URSS). Muitos judeus idealistas acreditaram que isso propiciaria um mundo melhor, mas o antissemitismo continuou. Não havia lugar para os judeus no novo sistema, a não ser que desistissem de seu modo tradicional de vida. Nesta foto, os judeus protestam contra o uso de suas lápides para projetos de construção.

Esquadrões de fuzilamento
Em junho de 1941, unidades móveis de extermínio – as *Einsatzgruppen* – invadiram o território soviético sob ordens do líder nazista Heydrich. Elas tinham a missão de matar judeus, comunistas e outros inimigos dos nazistas. Os fuzilados, assim como a maior parte das outras vítimas, eram judeus. As populações locais sabiam desses fuzilamentos, que geralmente ocorriam sob a luz do dia.

Áreas de ocupação alemã e soviética

- Anexação alemã da Áustria, março de 1938
- Anexação alemã da Tchecoslováquia, novembro de 1938–março de 1939
- Anexação alemã das cidades de Memel e Danzig e da Polônia, 1939
- Anexação húngara da Tchecoslováquia, 1938–1939
- Anexação húngara da Romênia, 1940
- Anexação soviética da Polônia, setembro de 1939
- Anexação soviética da Romênia, 1940
- Anexação soviética dos países bálticos, 1940
- Anexação lituana da Polônia, setembro de 1939
- Fronteira entre esferas de influência alemã e soviética

Pacto de não agressão germano-soviético

Enquanto se preparava para invadir a Polônia, em 1939, a Alemanha assinou um pacto de não agressão com a URSS – um acordo para que nenhum dos dois países atacasse ou invadisse o outro. Como demonstrado neste mapa, eles dividiram as áreas da Europa Oriental entre si, repartindo a Polônia em dois pedaços. O nome adotado para a área da Polônia não incorporada ao Terceiro Reich foi Governo Geral.

Em Babi Yar, mais de 33.000 judeus foram mortos em apenas dois dias.

Babi Yar descoberta

Em setembro de 1941, os judeus de Kiev, na Ucrânia, foram conduzidos à ravina Babi Yar. A polícia ucraniana os forçou a se despir e ir até a borda. As tropas alemãs então dispararam contra eles, e seus corpos caíram no abismo. Em seguida, os alemães empurraram as bordas da ravina, enterrando os mortos e aqueles que pudessem ainda estar vivos. A despeito das tentativas de destruir as evidências, investigadores soviéticos descobriram os corpos em 1943.

Massacre em Babi Yar

O massacre de Babi Yar foi a matança mais intensiva do Holocausto. Nazistas relataram ter assassinado 33.771 judeus em dois dias, o que depois foi seguido pela morte de mais judeus, romani, prisioneiros de guerra soviéticos e nacionalistas ucranianos. As estimativas soviéticas chegam a 100.000 vítimas. Os policiais agarravam crianças como as da foto e as arremessavam ravina adentro.

"Eles pegaram minha mãe e atiraram nela também... e depois minha avó, a mãe do meu pai, que tinha oitenta anos e estava com duas crianças no colo, e depois a irmã do meu pai. Minha tia também tinha crianças nos braços e a fuzilaram bem ali, com os bebês no colo..."

Rivka Yosselevscka, sobrevivente das Einsatzgruppen em Zagrodski, em 1942, testemunhando à corte do tribunal de crimes de guerra.

Uma mãe tenta proteger a criança em seus braços, no momento em que está prestes a ser morta pelas *Einsatzgruppen*.

OS JUDEUS DA ROMÊNIA

As origens dos judeus na Romênia remetem ao século II da Era Cristã. Em séculos recentes, judeus migraram para lá vindos de outras partes da Europa, especialmente aqueles expulsos da Espanha. Antes do Holocausto, a Romênia possuía a terceira maior comunidade judaica da Europa Oriental, e sua vida era bastante tranquila. Entretanto, grave atividade antissemita após a I Guerra Mundial fez com que muitos judeus deixassem a Romênia, em preparação para uma nova vida na Palestina.

Romênia e regiões ao redor, 1941
O território da Romênia mudou durante o Holocausto, devido às ocupações pela Hungria (Transilvânia do Norte) e Bulgária (Dobrudja do Sul). A Romênia ocupou a área da Ucrânia (União Soviética) e da Transnístria e transportou judeus e romani para lá.

Em Odessa e na região vizinha, 40.000 judeus foram mortos entre 23 e 25 de outubro de 1942.

Guarda de Ferro
Os Legionários tiveram origem na Romênia, em 1927, como um movimento ultranacionalista e antissemita que perdurou até a década de 1940. Oficialmente chamada de Legião de Miguel Arcanjo, seu santo padroeiro é mostrado na imagem ao lado. Em 1930, a Guarda de Ferro foi formada como um ramo paramilitar da Legião. Essa guarda massacrou judeus quando a Romênia perdeu território para a União Soviética.

Governo de Antonescu
Em 1940, a Romênia tornou-se um estado satélite da Alemanha nazista. Inspirado pelas leis de Nuremberg, o governo do general Ion Antonescu, mostrado aqui com Hitler, criou 80 leis e regulamentos severos contra judeus. Seu governo também massacrou 7.000 romani, deportando e permitindo que outros milhares morressem de fome, além de ter assassinado cerca de 380.000 judeus – o maior número fora da Alemanha.

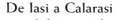

De Iasi a Calarasi
O massacre de Iasi, em junho de 1941, foi o mais terrível da Romênia. Estimativas soviéticas chegam a cerca de 14.000 judeus fuzilados. Os 4.300 sobreviventes foram levados em trens de carga vedados para Calarasi e outros locais. Aproximadamente 2.500 morreram por sufocamento, sede ou fome. Quando os trens paravam para remover os corpos, mais judeus eram mortos pelos residentes locais.

Terror em Bucareste
Em janeiro de 1941, a Guarda de Ferro e arruaceiros de Bucareste aterrorizaram judeus nas ruas e em suas casas durante três dias, aprisionando milhares de pessoas, confiscando e vandalizando propriedades e pertences dos judeus. Muitas sinagogas foram profanadas e duas, incluindo esta, foram incendiadas. Muitos judeus foram mortos, e seus corpos, pendurados em ganchos.

O massacre de Odessa
Odessa, na Transnístria, era parte da Ucrânia. Quando os alemães ocuparam a área em fins de 1941, romenos e alemães começaram a exterminar a população judia de 300.000 pessoas. Uma parte foi enforcada nas ruas, alguns foram fuzilados e outros, queimados vivos.

Bessarábia e Bucovina
Metade dos 320.000 judeus de Bessarábia e Bucovina foi morta em 1941. Mais de 123.000 pessoas foram deportadas em marcha forçada ou em botes como este para campos de extermínio em Transnístria. Os alemães dispararam contra alguns e enviaram os restantes de volta. Muitos morreram afogados, outros morreram no caminho ou em campos construídos na região.

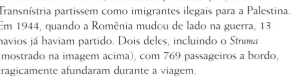

Uma chance de escapar
Em dezembro de 1942, a Romênia permitiu que judeus da Transnístria partissem como imigrantes ilegais para a Palestina. Em 1944, quando a Romênia mudou de lado na guerra, 13 navios já haviam partido. Dois deles, incluindo o *Struma* (mostrado na imagem acima), com 769 passageiros a bordo, tragicamente afundaram durante a viagem.

CAPÍTULO QUATRO
O ASSASSINATO DAS VÍTIMAS

A SOLUÇÃO FINAL

Os nazistas chamavam seu plano de exterminar os judeus da Europa de "Solução Final". Eles viam os judeus como um problema que tinha que ser solucionado, e a remoção ou, preferivelmente, destruição de todos os judeus eram a solução que eles desejavam. Embora já tivessem assassinado mais de um milhão de judeus, os nazistas ainda pensavam em outros meios para matá-los com mais rapidez e eficiência.

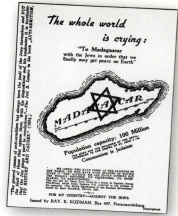

O plano de Madagascar
Em 1940, os nazistas tinham a ideia de dominar a França e enviar um enorme grupo de judeus para a colônia francesa de Madagascar, na costa da África. Mas o plano exigiria o uso da força naval britânica para transportar os judeus, e como a Grã-Bretanha não fora derrotada, o plano foi abandonado.

AKTION REINHARD

O plano para exterminar judeus poloneses recebeu o codinome de *Aktion Reinhard* – em função de Reinhard Heydrich, um dos principais arquitetos da Solução Final. Para a execução do plano, em 1942, foram construídos campos de extermínio na Polônia, em Belzec, Sobibor e Treblinka. Este gráfico mostra o número de vítimas assassinadas em cada um dos seis principais campos de extermínio da Polônia. Dois milhões de judeus foram exterminados pela *Aktion Reinhard*.

CAMPOS DE CONCENTRAÇÃO E DE EXTERMÍNIO COMBINADOS
- Madjanek: 78.000
- Auschwitz: 1.1 milhão

EXCLUSIVAMENTE DE EXTERMÍNIO
- Chelmno: 155.000–320.000
- Belzec: 600.000
- Sobibor: 250.000
- Treblinka: 850.000

Na Conferência de Wannsee, a Estônia foi marcada como estando "livre de judeus". Os 1.000 judeus que moravam no país haviam sido mortos.

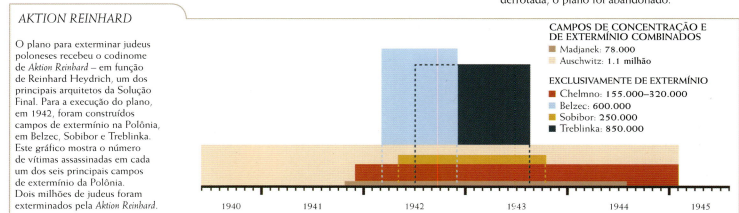

A Conferência de Wannsee
Em janeiro de 1942, catorze nazistas de alta patente reuniram-se nesta grande mansão em Wannsee, um subúrbio de Berlim. Heydrich presidiu o encontro que planejou a Solução Final, o programa para deportar todos os judeus para a Polônia, onde a SS os mataria. O encontro era ultrassecreto, mesmo assim, notas sobre ele foram encontradas no ano de 1947.

O ASSASSINATO DAS VÍTIMAS
CAPÍTULO QUATRO

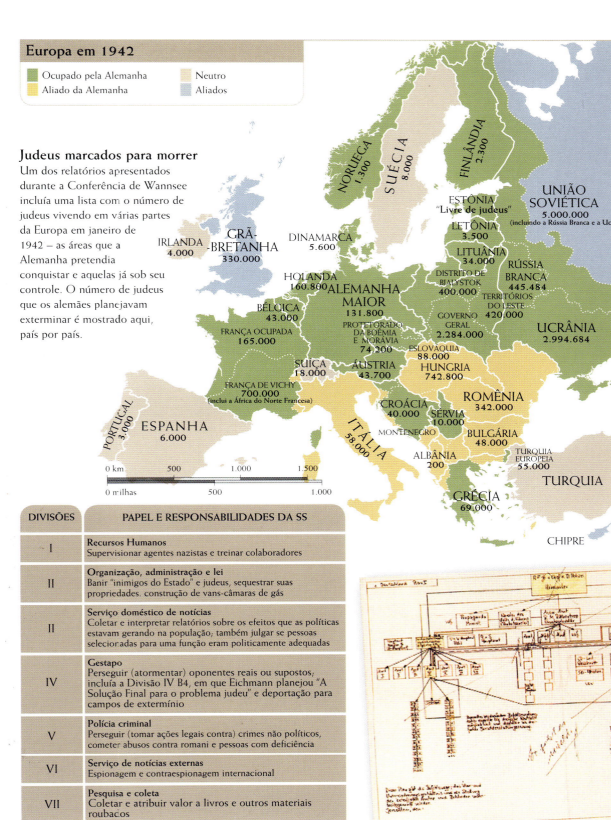

Europa em 1942
- Ocupado pela Alemanha
- Aliado da Alemanha
- Neutro
- Aliados

Judeus marcados para morrer
Um dos relatórios apresentados durante a Conferência de Wannsee incluía uma lista com o número de judeus vivendo em várias partes da Europa em janeiro de 1942 – as áreas que a Alemanha pretendia conquistar e aquelas já sob seu controle. O número de judeus que os alemães planejavam exterminar é mostrado aqui, país por país.

Dados do mapa:
- NORUEGA 1.300
- SUÉCIA 8.000
- FINLÂNDIA 2.300
- ESTÔNIA "Livre de judeus"
- UNIÃO SOVIÉTICA 5.000.000 (incluindo a Rússia Branca e a Ucrânia)
- LETÔNIA 3.500
- IRLANDA 4.000
- GRÃ-BRETANHA 330.000
- DINAMARCA 5.600
- LITUÂNIA 34.000
- DISTRITO DE BIALYSTOK 400.000
- RÚSSIA BRANCA 445.484
- HOLANDA 160.800
- ALEMANHA MAIOR 131.800
- TERRITÓRIOS DO LESTE 420.000
- BÉLGICA 43.000
- PROTETORADO DA BOÊMIA E MORÁVIA 74.200
- GOVERNO GERAL 2.284.000
- UCRÂNIA 2.994.684
- FRANÇA OCUPADA 165.000
- SUÍÇA 18.000
- ÁUSTRIA 43.700
- ESLOVÁQUIA 88.000
- HUNGRIA 742.800
- FRANÇA DE VICHY 700.000 (inclui a África do Norte Francesa)
- CROÁCIA 40.000
- SÉRVIA 10.000
- ROMÊNIA 342.000
- PORTUGAL 3.000
- ESPANHA 6.000
- ITÁLIA 58.000
- MONTENEGRO
- BULGÁRIA 48.000
- TURQUIA EUROPEIA 55.000
- ALBÂNIA 200
- GRÉCIA 69.000
- TURQUIA
- CHIPRE

DIVISÕES	PAPEL E RESPONSABILIDADES DA SS
I	**Recursos Humanos** Supervisionar agentes nazistas e treinar colaboradores
II	**Organização, administração e lei** Banir "inimigos do Estado" e judeus, sequestrar suas propriedades, construção de vans-câmaras de gás
III	**Serviço doméstico de notícias** Coletar e interpretar relatórios sobre os efeitos que as políticas estavam gerando na população; também julgar se pessoas selecionadas para uma função eram politicamente adequadas
IV	**Gestapo** Perseguir (atormentar) oponentes reais ou supostos; incluía a Divisão IV B4, em que Eichmann planejou "A Solução Final para o problema judeu" e deportação para campos de extermínio
V	**Polícia criminal** Perseguir (tomar ações legais contra) crimes não políticos, cometer abusos contra romani e pessoas com deficiência
VI	**Serviço de notícias externas** Espionagem e contraespionagem internacional
VII	**Pesquisa e coleta** Coletar e atribuir valor a livros e outros materiais roubados

Administração central da SS
A SS, sigla para *Schutzstaffel*, que significa "esquadrão de proteção", começou como guarda pessoal de Hitler. Sob Heinrich Himmler, ela cresceu para uma força de 600.000 homens, separada do exército. Em 1939, a SS se tornou um departamento fundamental e Heydrich, seu chefe. As principais divisões são mostradas neste organograma de 1940.

Cadeia de comando nazista
A organização nazista era rigidamente estruturada, com claras linhas de comando entre membros. Adolf Eichmann comandou a Divisão IV B4 da Gestapo e em seu julgamento, em 1961, ele desenhou este gráfico do organograma da organização, que foi apresentado como evidência.

Pilha de sapatos das vítimas do bloco 4, Auschwitz, fotografada em 1995 como uma mostra para o museu.

"Nós discutimos os caminhos e os meios de efetivar o extermínio. Isso só poderia ser feito por intoxicação com gás letal, já que teria sido absolutamente impossível eliminar a balas o enorme contingente esperado, e traria uma sobrecarga muito grande para os homens da SS que teriam que executar essa tarefa, em especial por causa das mulheres e das crianças entre as vítimas."

Rudolf Hoess, em seu encontro com Himmler no verão de 1941

CAPÍTULO QUATRO
O ASSASSINATO DAS VÍTIMAS

CAMPOS DE TRABALHO FORÇADO

Os campos eram originalmente destinados a aprisionar as pessoas que os nazistas mais desprezavam. Mas quando a II Guerra Mundial começou, o propósito dos campos muda para trabalho forçado e assassinato. Em 1942, a prática do extermínio por meio de trabalho extenuante era uma política oficial e prisioneiros em todos os campos de concentração trabalhavam – literalmente – até a morte.

O trabalho liberta
Uma placa em alemão, como a que segue abaixo, ficava sobre os portões de cinco campos de trabalho. Os nazistas podem ter usado a expressão "O trabalho liberta" com seriedade ou como uma piada cruel, mas as pessoas nos campos de trabalho definitivamente não eram livres. Se os nazistas achassem que uma pessoa era inapta ou incapaz de trabalhar, ela seria morta – e não importava quão duro eles trabalhassem, os prisioneiros nunca seriam libertados.

ARBEIT MACHT FREI

Um complexo de campos
Muitos dos maiores campos também possuíam subcampos menores. Este mapa mostra os muitos subcampos de Auschwitz, na Polônia invadida. Auschwitz e Majdanek foram campos de trabalho e extermínio em que os internos morriam de doenças, ferimentos, desgaste físico ou asfixia por gás.

O crescimento dos campos
Os campos de trabalho forçado dos nazistas receberam prisioneiros de quase todos os países da Europa. De 1939 em diante, houve um enorme incremento do número de campos e de prisioneiros. A SS alegou haver mais de 700.000 prisioneiros nos campos em 1945. Esta foto de vista aérea mostra a escala e a organização do campo de Majdanek, na Polônia.

O ASSASSINATO DAS VÍTIMAS
CAPÍTULO QUATRO

Propriedade roubada
Os prisioneiros dos campos de trabalho tiveram todos os seus pertences roubados. Dinheiro e objetos de valor, objetos sentimentais – como fotografias – e acessórios do dia a dia – tais como óculos – foram confiscados. Objetos de valor eram vendidos para arrecadar dinheiro para a Alemanha, como por exemplo estas alianças retiradas de mulheres em Buchenwald, na Alemanha.

Uniformes
Na maioria dos campos de trabalho, os uniformes eram padronizados. Homens usavam casacos como este, além de calças e chapéu. Para as mulheres, havia vestido e lenço para a cabeça do mesmo material. Não havia roupas íntimas. Nos pés, prisioneiros usavam tamancos de madeira, que causavam feridas. Os uniformes tinham que ser usados o tempo todo, inclusive à noite.

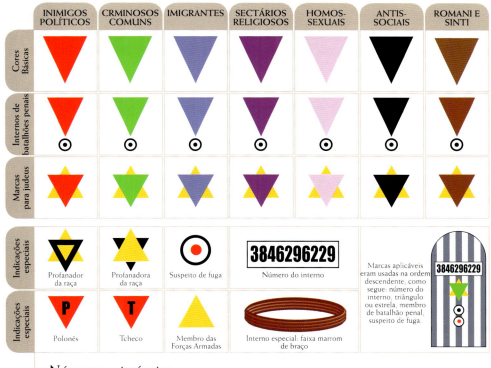

Números e insígnias
Cada prisioneiro tinha um número, que era costurado em todos os uniformes. Guardas e outros oficiais chamavam os prisioneiros por seus números, em vez de seus nomes. Outros emblemas de tecido, mostrados aqui, eram usados para identificar de onde os prisioneiros eram originários e porque os nazistas selecionaram-nos para o campo. Um interno costumava ter pelo menos dois símbolos, mas podia chegar a ter mais de seis.

Tipos de trabalho
Os prisioneiros desempenhavam diferentes tarefas nos campos de trabalho. A maioria das atividades envolvia esforços extenuantes, como a remoção de entulho desta área em Dachau. Algumas pessoas trabalhavam em fábricas, produzindo itens para auxiliar a economia alemã ou munição para a Alemanha na guerra.

95

O TERMO COLABORAÇÃO geralmente se refere a cooperação ou parceria. Contudo, a partir de 1940, na França, colaboração adquiriu um significado novo e sinistro quando foi usado para se referir a pessoas que cooperavam com invasores inimigos. Esse uso negativo da palavra se difundiu. Durante o Holocausto, a colaboração com os nazistas assumiu diferentes formas, desde arrebanhar judeus para envio aos campos de extermínio até mesmo tomar parte nos assassinatos. Por exemplo, unidades militares lituanas, encorajadas pela SS, chacinaram 5.000 judeus em praça pública no ano de 1941. Em todos os países ocupados pela Alemanha, houve alguma forma de colaboração.

Roubado e guardado
Os nazistas roubavam o dinheiro, as joias e outros pertences de suas vítimas – até mesmo dentes e obturações de ouro. A Alemanha também se apossou de ativos governamentais dos países que ocupou. Os bens roubados foram convertidos em barras de ouro e guardados em bancos suíços.

O Regime Vichy na França
O Governo de Vichy, no sul da França, cooperou com o regime nazista ao aprovar leis que definiam judeus como uma raça separada e restringiam seus direitos. Este pôster de uma mostra de 1941, chamada "Os judeus e a França", usava estereótipos nazistas de judeus esmagando o mundo. Autoridades de Vichy também ajudaram a deportar judeus e romani para campos de extermínio. Dos 75.000 judeus franceses deportados, somente 2.500 sobreviveram.

Perseguição na Bélgica
1940 a 1944, a Bélgica permaneceu pada pelos nazistas e as autoridades gas assumiram a responsabilidade na guição e deportação dos judeus. Eles am um registro nacional de judeus e garam aos alemães nazistas. Grupos fascistas conduziram campanhas mitas, clamando pela deportação de os os judeus. Aqui, René Lambrichts, líder de um grupo antissemita, está discursando para um grupo sindical.

Colaboração na Noruega

Quando a Alemanha invadiu a Noruega, em 1940, o político fascista norueguês Vidkun Quisling se autodesignou chefe de governo. A Alemanha o reconheceu como primeiro-ministro em 1942. Quisling, mostrado aqui em um acampamento feminino em 1941, ordenou às forças armadas norueguesas que não resistissem à invasão alemã. Isso surtiu o efeito contrário, propiciando a criação de um movimento na Noruega para resistir ao nazismo. Ao longo de toda a guerra, ele colaborou com os nazistas e a palavra "quisling" veio a significar "traidor".

O Grande Mufti de Jerusalém

Um mufti é um erudito muçulmano especialista nas leis islâmicas. O Grande Mufti de Jerusalém, Mohammad Amin al-Husayni, era um líder religioso e um nacionalista árabe. Ele discutiu o extermínio dos judeus com os líderes nazistas, como visto aqui ao lado de Hitler, em 1941, em Berlim. Também ajudou a recrutar muçulmanos bósnios e albaneses para a formação de unidades de combate em apoio aos nazistas. Sua adesão ao Holocausto tornou-se pública em testemunhos dados nos julgamentos posteriores.

Os nazistas na Holanda

Durante a II Guerra Mundial, Anton Mussert era o líder do governo nacional-socialista holandês. Depois da ocupação da Holanda pela Alemanha, seu governo ajudou os nazistas a privarem os judeus de seus direitos. Aqui, Mussert está recebendo a saudação "Heil Hitler!" em uma celebração do partido nacional-socialista holandês. Em 2005, o primeiro--ministro Jan Peter Balkenende desculpou-se por essa colaboração de seu país durante a guerra.

CAPÍTULO QUATRO
O ASSASSINATO DAS VÍTIMAS

ENCURRALANDO AS VÍTIMAS

O APRISIONAMENTO DAS VÍTIMAS do nazismo para trabalho ou extermínio requeria excelente organização e um complexo sistema de transportes. As vítimas eram arrebanhadas, geralmente à força, e informadas que deviam comparecer a certos locais, levando apenas uma pequena quantidade de comida e algumas roupas. Elas não sabiam para onde iriam ou o que aconteceria com elas.

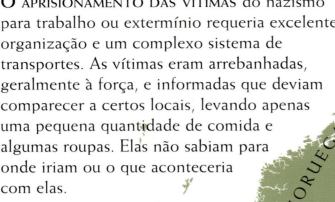

Campos nazistas
- Campos de trabalho
- Campos de trânsito
- Campos de extermínio

Campos na Europa
Inicialmente os nazistas reuniam suas vítimas, levando-as a campos de trânsito. Esses eram locais apenas temporários e neles as pessoas não eram forçadas a realizar trabalhos pesados. Nesse estágio, eles não tinham ideia alguma de que as condições dos locais para onde se encaminhavam seriam muito piores. O mapa acima mostra alguns dos campos nazistas na Europa ocupada. Embora existissem três tipos de campos, alguns deles tinham mais de uma função.

Falsa sensação de segurança
O campo de trânsito de Westerbork foi criado depois que a Alemanha ocupou a Holanda, em 1942. Os judeus deportados para Westerbork tinham como destino um dos cinco campos de concentração ou de extermínio. Eles eram envolvidos por uma falsa sensação de segurança por causa das lojas e outras características de vida normal por lá. Eles até recebiam permissão para a prática de alguns de seus costumes religiosos, como acender velas para o *Hanukkah*, mostrado aqui.

98

Campo de trânsito de Drancy
Embora não houvesse guetos na Europa Ocidental, o campo de Drancy, perto de Paris, era como um gueto. Os edifícios eram como prisões, e havia enorme concentração populacional. O suprimento de comida era insuficiente e as refeições eram servidas comunitariamente. A maioria dos judeus foi levada de Drancy para Auschwitz e assassinada já na chegada.

O campo-gueto de Terezin
Em 1941, os nazistas transformaram a prisão de Terezin em uma mistura de gueto e campo e mudaram seu nome para Theresienstadt. Quando a Cruz Vermelha solicitou permissão para inspecionar o campo, Terezin tornou-se um exemplo, como mostrado por estes judeus sentados em um falso café. Por ocasião dessas visitas, os nazistas também organizaram concertos, partidas de tênis ou futebol e outras atividades para fazer o ambiente parecer um local amistoso e saudável.

Aproximadamente 15.000 crianças passaram pelo gueto de Terezin entre 1941 e 1944. Somente cerca de 100 sobreviveram ao Holocausto.

A Cruz Vermelha vem para inspeção
As condições eram melhores em Terezin do que nos campos de concentração, mas não tão boas quanto os nazistas diziam ser. Esta pintura de uma garota de 12 anos mostra como os nazistas eram ardilosos. Os veículos de inspeção da Cruz Vermelha estão chegando a Terezin e os nazistas estão rapidamente arrumando tudo para que pareça mais animado.

CAPÍTULO QUATRO — O ASSASSINATO DAS VÍTIMAS

VOZES
CAMPOS DE TRÂNSITO

Depois de viajar por vários dias nas terríveis condições dos trens de gado, para muitos dos judeus os campos de trânsito apenas confirmaram seus temores quanto ao que o futuro lhes reservava. Alguns permaneceram nos campos de trânsito por meses, enquanto outros ficaram ali só por alguns dias, antes de se mudarem novamente.

"Eu me lembro da chegada no campo e que eu gritava o tempo todo. Estava aterrorizada e sozinha no meio de uma massa de crianças e de adultos. No campo, dormíamos no chão, apoiando-nos uns nos outros, e nos davam sopa e pão. Éramos todos jogados juntos, adultos e crianças, mas depois as crianças foram separadas. Eu só fiquei lá por quatro dias, mas sinto como se tivessem sido quatro anos. Foram os dias mais longos."

"Por todos os lados havia guardas e cães — cães enormes. Eu não sei quem latia mais alto, se os cães ou os alemães — mas eles soavam parecidos. Eles não eram capazes de falar. Eles latiam. Faziam tudo para nos degradar. Eles definiam quando deveríamos ir dormir. Podia ser às duas da manhã ou à meia-noite. Eles vinham e eram eles que diziam: 'Isto é o que nós queremos que vocês façam. Façam-no agora.' E era tudo. E para irmos ao banheiro, tínhamos que fazer filas. Não havia banheiros suficientes. De modo nenhum tínhamos como tomar banho, certamente. Tudo era fedido. Fedia demais."

"Eu imagino que deveria haver algumas centenas de crianças ali. A maioria estava tão assustada que não podiam sequer falar. Havia um cheiro muito forte de urina porque as crianças ficavam amedrontadas e urinavam nas roupas, ou não conseguiam esperar até chegar ao banheiro, o que fosse, mas nós estávamos muito assustados; todos estávamos com medo, muito medo."

Michelle Cohen-Rodriguez
(Nascida na França, em 1935)
Michelle relembra o medo de centenas de crianças no campo de trânsito de Drancy.

O ASSASSINATO DAS VÍTIMAS
CAPÍTULO QUATRO

"Finalmente, acho que depois de três dias e três noites, chegamos a um lugar chamado Atachi... uma cidade às margens do Rio Dniester... O desembarque do trem foi uma experiência muito traumática porque tudo tinha que ser feito com rapidez e eles ficavam gritando, e nós estávamos escorregando e estávamos cobertos com nosso próprio excremento e acabamos indo parar num campo enorme sob a chuva. Do trem até o campo acho que houve uma caminhada. Mas me lembro bem que neste campo já estavam muitas pessoas que haviam sido deportadas antes de nós e que essas pessoas já estavam ali há dias, e dormia-se na lama e não se tinha nada para comer e, por pior que nós estivéssemos, essas pessoas estavam ainda pior, porque não só também haviam sido trazidas no trem em péssimas condições, como nós viemos, mas estavam ali dormindo na lama há vários dias, sem comida, com frio, com roupas e calçados que eram pura lama; todos pareciam perplexos. Muitos eram da Bessarábia, onde eu havia ido com minha mãe em visita à minha tia, e as pessoas eram elegantes e usavam chapéus e eu não conseguia entender o que elas estavam fazendo nesse campo. Quero dizer, porque elas deixaram suas casas? Porque deixaram suas lindas roupas e seus lindos chapéus? O que estão fazendo ali? O que está acontecendo? Tudo se tornou estranho em relação ao modo como a vida costumava ser antes, quando sabíamos exatamente o que cada minuto de cada dia nos traria. De repente, cada minuto era uma coisa totalmente desconhecida. E não apenas nós não sabíamos o que estava para acontecer, como adivinhávamos que seria algo ruim. Tudo o que não sabíamos, sabíamos que seria ruim."

"Em um momento ou outro, havia algumas pessoas muito famosas em Westerbork. Na orquestra de Concertgebouw, todos os violinistas eram judeus. Então, num certo momento, pegaram todos eles e os levaram a Westerbork, onde os alemães pediram um concerto. Eles provavelmente pensaram que se tocassem para os alemães, seriam poupados. Infelizmente, se me lembro bem, só um violinista sobreviveu. Também houve um famoso boxeador judeu, bastante conhecido. Ele costumava fazer exibições de boxe para os alemães. Era uma situação maluca quando você pensa a respeito. Era um campo onde você poderia estar morto na semana seguinte, mas os alemães vinham e assistiam a exibições de boxe ou a concertos de violino ou peças de teatro eram montadas para entretê-los... O campo todo era do tamanho de um grande campo de futebol, talvez um pouco maior, mas havia lá umas 20 ou 30 mil pessoas ao mesmo tempo. Isso dá uma ideia de como era lotado."

Felicia Carmelly
(Nascida na Romênia, em 1931)
Felicia tinha apenas 10 anos quando ela e sua mãe foram enviadas ao campo de Atachi.

Fred Spiegel
(Nascido na Alemanha, em 1932)
Fred foi enviado para o campo de Westerbork, na Holanda, em 1943 e permaneceu lá por muitos meses.

CAMPOS DE EXTERMÍNIO

Os nazistas construíram seis campos com o propósito de executar assassinatos em massa. Todos os campos localizavam-se na Polônia: Auschwitz, Belzec, Chelmno, Majdanek, Sobibor e Treblinka. Auschwitz e Majdanek também funcionavam como campos de trabalho. A maior parte das pessoas mortas nos campos era composta por judeus, mas havia enorme quantidade de outros grupos, especialmente poloneses, em Majdanek, e romani, em Belzec e Auschwitz-Birkenau.

Na chegada
As pessoas que chegavam aos campos de extermínio tinham de enfrentar condições extremas e tratamento brutal, ainda que muitos não tivessem uma ideia formada sobre o que aconteceria. Estas famílias de romani, no campo de extermínio de Belzec, estão esperando pelas instruções de seus captores. Eles serão despojados de tudo – suas roupas, seus pertences, seus nomes e suas vidas.

Transporte para os campos
A maioria chegava aos campos de trem. Os que sobreviviam à viagem em geral estavam fracos e doentes. O artista e sobrevivente do Holocausto David Olère pintou a obra *Chegada de um Comboio*, em que internos arrastam uma carroça cheia de cadáveres para ser enterrados ou queimados. Mais prisioneiros estão chegando.

Segurança e controle
O campos de extermínio eram cercados por muros ou cercas eletrificadas, com elevadas torres de observação como esta, em Sobibor. Os internos estavam sob constante vigilância dos guardas, que geralmente batiam, torturavam ou matavam-nos sem razão.

Disfarce e engano
A maior parte dos campos era construída em áreas isoladas. Os nazistas escondiam seus reais propósitos para evitar pânico ou raiva entre as vítimas. Dizia-se aos que eram enviados às câmaras de gás que tratavam-se de chuveiros. O disfarce era uma estratégia especialmente forte em Treblinka, como esse mapa evidencia, com sua placa de estação, falsa bilheteria, zoológico e jardim.

O ASSASSINATO DAS VÍTIMAS
CAPÍTULO QUATRO

Morte por fuzilamento
Guardas disparavam contra prisioneiros por pequenas ofensas, como desobediência a uma ordem ou furto de comida. Se alguém escapasse, alguns dos internos do campo eram mortos como punição e para desencorajar outros de tentar escapar. Esta mulher, vestida com roupas leves, foi levada para a neve, em Belzec, para ser fuzilada.

Assassinato em vans-câmaras de gás
Estas pessoas, no campo de extermínio de Chelmno, estão prestes a entrar em uma das vans-câmaras de gás que ficavam permanentemente estacionadas nesse campo desde 1941. Chelmno foi o primeiro dos campos a usar gás venenoso como modo de extermínio. Entre os muitos mortos, estavam 250.000 judeus do gueto de Łódź.

Mais de 65.000 judeus de Varsóvia foram mortos em Treblinka no seu primeiro mês de funcionamento.

Câmaras de gás
Vans-câmaras de gás foram substituídas por câmaras de gás maiores construídas em alvenaria, que também usavam monóxido de carbono. Posteriormente, Zyklon B foi desenvolvido para matar os internos, e vinha embalado em latas como estas. Pastilhas eram jogadas pelo teto das câmaras de gás. O Zyklon B era seguro para os guardas manusearem, mas a morte era lenta e agonizante.

Eliminação dos cadáveres
Alguns dos internos eram forçados a remover os cadáveres das câmaras de gás. No início, os corpos eram enterrados, mas os líderes nazistas sentiram que a cremação era mais eficiente e higiênica. Crematórios foram construídos, semelhantes a fornos, mas grandes o suficiente para receber mais de um corpo. Aqui, vemos fumaça emanando em ondas dos crematórios de Majdanek.

103

A VIDA NOS CAMPOS

AS CONDIÇÕES ESQUÁLIDAS e a brutalidade dos guardas fizeram da vida nos campos uma experiência degradante e desumanizante. Os campos de extermínio transbordavam de visões, sons e os odores de pessoas morrendo, e os internos restantes viviam sob o constante medo de serem mortos. Os captores viam suas vítimas, cada vez mais, como inumanos, o que tornava mais fácil cometer os assassinatos. Mais e mais pessoas morriam nessas circunstâncias horripilantes.

Uma consciência da morte
Internos que eram saudáveis e bem dispostos ao chegar ao campo eram selecionados para trabalhar e por isso viviam um pouco mais. Os muito jovens, doentes ou idosos eram imediatamente mortos. Nesta pintura, o artista francês sobrevivente do Holocausto, David Olère, mostra vítimas destinadas a morrer.

Rotina nos campos
Os guardas armados que administravam os campos eram extremamente severos, emitindo ordens aos internos desde o amanhecer até a noite. O dia começava com guardas gritando ordens e forçando as pessoas a marchar para o trabalho, como mostra esta fotografia. Internos tinham um pouco de tempo ocioso aos domingos, mas nunca era-lhes permitido escolher o que fazer.

Chamadas
Chamadas coletivas eram conduzidas ao menos duas vezes por dia. Independentemente das condições do tempo, sob calor escaldante ou frio congelante, os prisioneiros eram obrigados a se apresentar em fila em área externa, às vezes durante todo o dia, ou toda a noite, para serem contados. Esta pintura de Zinovi Tolkatchev, um artista que viajava com as tropas soviéticas, mostra internos caídos, não se sabe se por terem sido surrados ou se estão mortos de exaustão.

Condições para se dormir
Embora as pessoas estivessem permanentemente cansadas pelo trabalho exaustivo, dormir era muito difícil. Os prisioneiros dormiam em beliches, como estes em Auschwitz, que eram dispostos em três ou quatro camadas. As ripas de madeira feriam os corpos esqueléticos e frágeis dos prisioneiros. Por vezes, os ocupantes dos leitos superiores não tinham força suficiente para escalá-los para dormir.

Refeições

Uma das experiências mais degradantes no campo era a hora das refeições. A sopa era rala no topo da panela, mas mais espessa no fundo, de modo que os internos empurravam uns aos outros para serem servidos com o conteúdo do fundo. Se alguma parte da sopa fosse derramada, eles se lançavam ao chão para lamber o líquido. Nestas ilustrações de Pavel Fantl, um interno de Terezin, na Tchecoslováquia, um homem é retratado definhando por inanição. Ao mesmo tempo, seu mundo parece atrofiar-se ao seu redor.

Uma tigela

Internos nunca recebiam água suficiente, e o pouco que recebiam geralmente era suja. Às vezes, as pessoas ficavam com tanta sede que bebiam água de poças. Cada interno recebia uma tigela e ela era usada para a sopa, para se banharem e não raro como comadre à noite. As pessoas guardavam suas tigelas com cuidado – um interno em Auschwitz chegou até a riscar seu nome na dele.

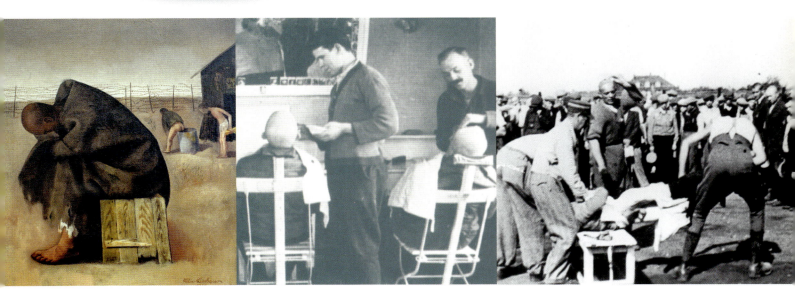

Sem privacidade

Vasos sanitários ou baldes eram dispostos em longas filas, de modo que os internos não tinham privacidade. Os vasos não possuíam assentos e era raro que funcionassem apropriadamente, por isso a água transbordava com fezes e o mau cheiro era terrível. Nesta pintura, o artista judeu alemão Félix Nussbaum retrata a indignidade da experiência.

Sujeira e doença

Os campos eram imundos e infestados por ratos. A doença mais séria e infecciosa era tifo, espalhada por piolhos e pulgas. Detentos devastados pelos piolhos eram comumente mortos como forma de evitar que a doença se espalhasse, por isso eles tentavam retirar os piolhos de seus corpos. Na maior parte dos campos, incluindo Oranienburg, na Alemanha, as cabeças dos internos eram raspadas.

"Esporte" cruel

Guardas chamavam seus ataques a prisioneiros de "esporte" e precisavam de pouca provocação. Eles fuzilavam crianças na frente de suas mães, chutam e pisoteavam internos com brutalidade e os penduravam pelos punhos atados atrás de suas costas. Aqui, um prisioneiro é forçado a se curvar sobre um bloco para ser açoitado enquanto outros prisioneiros são obrigados a assistir.

VOZES
NOS CAMPOS DE EXTERMÍNIO

O horror dos campos de extermínio é algo de difícil compreensão para a maioria das pessoas de hoje. Para aqueles que sobreviveram, o frio extremo, as doenças, o abuso sofrido, a fome, a perda de entes amados e o constante medo de ser enviado à câmara de gás, tudo continua muito claro em suas memórias.

"Eu não sabia o que estava acontecendo, mas eu sabia que era algo terrível e uma mulher próxima disse: 'Eles levaram os filhos dela, eles levaram os filhos dela!'. E eu disse: 'Levaram para onde?'; e ela disse: 'Provavelmente para queimar, eles vão queimá-los'. Aí eu fiquei com medo, pensando: 'Essa mulher ficou louca. Então nós vamos todos enlouquecer aqui?'. Eu não acreditava que alguém pudesse queimar uma criança viva."

Aniela Ania Radek
(Nascida na Polônia, em 1926)
Aniela tinha 15 anos de idade quando foi enviada para o campo de concentração de Auschwitz.

"Eles nos mandaram entrar para tomar banho e então rasparam nossas cabeças. Deram-nos o uniforme listrado para vestirmos. Eu tinha um do tamanho adulto e meu pai rapidamente dobrou minhas mangas e minhas calças porque aquilo era tudo que você tinha — o uniforme listrado. Eu mantive aquele uniforme listrado até que fui liberado. Eu estava com meu pai — todos os homens ficavam de um lado e as mulheres de outro. Então eis que aquela mulher andou em minha direção, perguntou-me quantos anos eu tinha e eu disse: 'Tenho treze anos', então ela disse rapidamente: 'Não diga que tem treze, diga que tem dezessete.' Ela estava com os nazistas, com os soldados da SS que estavam andando em volta. Então contei ao meu pai e ele disse: 'Então diga que tem dezessete, se foi o que ela falou!' Aquilo salvou minha vida porque a SS estava andando e perguntando a todos: 'Quantos anos você tem?' Eu disse que tinha dezessete e o oficial me olhou de cima a baixo e me deixou lá, me deixou com meu pai. Aquilo era inacreditável, foi pura sorte que ela tenha vindo até mim."

Peter Hersch
(Nascido na Tchecoslováquia, em 1930)
Peter lembra-se de como uma oficial da SS em Auschwitz disse-lhe para mentir sobre sua idade e como isso o salvou da câmara de gás.

O ASSASSINATO DAS VÍTIMAS
CAPÍTULO QUATRO

"Quando chegamos ao campo, fomos apresentados a uma supervisora, que era chamada de kapo dentro do campo. Eu perguntei a essa kapo quando encontraríamos novamente nossos pais. Ela apontou para uma das quatro chaminés de tijolos emitindo fogo e fuligem e disse: 'Está vendo aquelas chaminés?', 'Sim', respondi. Então ela falou: 'Ali se vão seus pais, e quando vocês passarem por ali, se reunirão a eles'. Eu me virei para meus companheiros de prisão e perguntei: 'Do que ela está falando? O que isso quer dizer?' Mesmo nos meus pesadelos mais sombrios eu nunca poderia ter imaginado as coisas que estavam acontecendo por lá."

"Uma semana depois, eu fui selecionada no meu campo para ser levada a outro. Foi então que fui separada da minha irmã, Clara. Mas nós planejamos de nos encontrarmos à cerca de arame todas as manhãs num certo local de modo que pudéssemos acenar uma para a outra e dizermos que estávamos vivas e bem. Antes do Yom Kippur em 1944, estávamos preocupados que algo poderia acontecer porque os nazistas sempre tinham algo reservado para os feriados e os Shabat. Fui até as cercas e minha irmã não apareceu e então comecei a pensar que ela estivesse triste pela data especial e imaginei que ela estaria lá na manhã seguinte. Ela também não apareceu no dia seguinte e quando não veio no terceiro dia, eu soube que algo havia acontecido a ela. Depois da guerra fiquei sabendo que naquele dia escolheram muitas pessoas e minha irmã foi escolhida para ser morta."

"Uma vez por semana, os oficiais alemães costumavam vir em cada barracão, eles... costumavam passar de bloco em bloco e dizer às mulheres para se despirem... E um a um eles passavam entre elas, peladas obviamente, e olhavam para cada uma para ver se não tinham nenhuma doença ou coisas do tipo... E aquelas de quem não gostassem, que tivessem qualquer coisa fora do normal, eles anotavam seus números e colocavam-nas em um quarto, completamente separadas das outras e então, à noite, vinham com um caminhão e as colocavam em câmaras de gás. Todas as semanas tínhamos de nos submeter a isso!... Viver com esse medo! Pode imaginar? Se alguém não sabe quando vai morrer, não tem medo, mas se você sabe que vai morrer, que sua vez vai chegar, é uma coisa terrível."

Renée Firestone
(Nascida na Tchecoslováquia, em 1924)
Renée relembra sua chegada a Auschwitz e o dia em que ela temeu que sua irmã tivesse sido morta.

Lola Putt
(Nascida na Grécia, em 1926)
Lola descreve a humilhação e o terror das inspeções semanais em Auschwitz.

AUSCHWITZ

Em 1940, os nazistas criaram um campo de concentração em Oswiecim, na Polônia, chamado Auschwitz em alemão. O complexo de Auschwitz incluía três enormes campos: Auschwitz, Birkenau e Monowitz. Auschwitz era o maior complexo de campos e mais de um milhão de pessoas foram mortas lá, mais do que em qualquer outro local.

Os edifícios da prisão
A maior parte dos barracões era feita de madeira, mas em Auschwitz, planejado como uma prisão, os prédios eram de alvenaria. Cercas eletrificadas cercavam o campo e separavam os blocos dos homens dos blocos das mulheres.

Seleção para o trabalho ou a morte
Assim que as vítimas chegavam, eram escolhidas para trabalhar ou para morrer. O dr. Joseph Mengele, apelidado de "anjo da morte", também selecionava vítimas para seus experimentos cruéis. Estas pessoas, em Birkenau, foram "selecionadas". À direita encontram-se homens de meia-idade, escolhidos para trabalhar; à esquerda, mulheres, crianças e idosos, marcados para morrer. Famílias foram divididas e seus membros nunca mais se reencontraram.

Banho e desinfecção
Pessoas selecionadas para permanecer vivas tinham suas cabeças raspadas para reduzir riscos de infecção. As tesouras geralmente eram cegas e puxavam seus cabelos. Novos internos eram vaporizados com desinfetantes que deixavam suas peles feridas e causavam irritação. Então eram todos conduzidos a chuveiros com água escaldante, como mostrado no desenho feito pelo sobrevivente polonês Wladyslaw Siwek.

Registro dos vivos
Cada vítima recebia um uniforme com seu número costurado a ele. Eles também eram medidos e os guardas anotavam suas características pessoais. De muitos, como desta mulher húngara, tiravam três fotos. Suas roupas, pertences pessoais e demais objetos eram levados para armazéns, jocosamente chamados *Kanada* – uma distante terra de abundância.

Tatuagens
Assim que um detento recebia seu número, este número era tatuado em tinta preta no antebraço esquerdo. Este procedimento doloroso e anti-higiênico era um ataque à pessoa antes mesmo que a vida no campo tivesse começado. Foi pedido a este garoto italiano, que sobreviveu ao Holocausto, que mostrasse seu número tatuado às pessoas que libertaram o campo.

Fábrica IG Farben
Esta fábrica era localizada em Monowitz, o terceiro maior campo do complexo. IG Farben foi um poderoso conglomerado alemão do setor químico. Foi o maior doador de campanha para a eleição de Hitler e colaborou com os nazistas por todo o tempo que durou o Holocausto.

Mengele usou aproximadamente 3.000 gêmeos, em sua maioria crianças romani e judias, para seus experimentos genéticos. Apenas cerca de 200 deles sobreviveram.

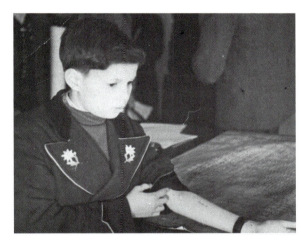

Câmaras de gás
O principal método de extermínio empregava uma substância química denominada Zyklon B, lançado dentro das câmaras através de aberturas no teto depois que as portas eram seladas. Por uma janela, guardas podiam ver suas vítimas morrendo e ouvi-las gritando. Estas pessoas estão se dirigindo à câmara de gás em Birkenau. Elas não sabem o que está para lhes acontecer.

Cremação
Prisioneiros chamados de *Sonderkommando* eram forçados a enterrar os cadáveres ou incinerá-los e enterrar os restos mortais. Não raro, os fornos quebravam ou não podiam comportar o volume de cadáveres que recebiam. No verão de 1944, quando 20.000 pessoas morriam por dia, poços de cremação foram abertos do lado de fora.

"Levado pela sede mortal, avistei um pingente de gelo do lado de fora da janela, ao alcance das mãos. Abri a janela e quebrei aquele pedaço de gelo, mas na mesma hora um guarda enorme e pesado que rondava do lado de fora brutalmente arrebatou de mim o gelo. '*Warum?*' (Por quê?), perguntei a ele no meu péssimo alemão. '*Hier ist kein warum*' (aqui não há 'porquê'), ele respondeu, empurrando-me para dentro com uma pá."

Primo Levi relembra a crueldade dos guardas nazistas em seu livro *É isto um homem*.

Os portões de Auschwitz-Birkenau, fotografados em janeiro de 1995.

OS JUDEUS DA HUNGRIA

O ANTISSEMITISMO NA HUNGRIA se fortaleceu desde a I Guerra Mundial, mas se tornou especialmente pior depois que os nazistas chegaram ao poder na Alemanha, em 1933. A experiência do Holocausto foi diferente para os judeus da Hungria do que para os de outros lugares. As deportações duraram até o fim do Holocausto e foram as mais intensas, com quase meio milhão de deportados em apenas dois meses.

O "Terror Branco"
Depois da I Guerra Mundial, o líder da Hungria, Almirante Horthy, aprovou leis antissemitas. Como resultado, forças anticomunistas e antissemitas – um "Terror Branco" – entraram em um surto de violência, como mostrado neste desenho de Mihály Biró. Mais de 3.000 judeus foram massacrados, 75.000 foram presos e 100.000 fugiram.

Hungria e os nazistas
Várias leis antissemitas foram aprovadas na Hungria em 1938, antes mesmo do país se aliar a Alemanha, Itália e Japão em outubro de 1940. Desde 1939, havia um sistema de trabalho forçado. Aqui, os judeus estão sendo colocados para carregar, descarregar e empilhar pesados trilhos. Em 1941, os húngaros entregaram 17.000 judeus para forças alemães e ucranianas, que vieram a massacrá-los.

Deportações em massa
A Alemanha invadiu a Hungria na primavera de 1944. Com a cooperação de oficiais e policiais húngaros, cerca de 55.000 judeus das províncias foram deportados a cada semana. No total, 437.000 judeus, cerca de metade dos existentes na Hungria, foram deportados. Entre eles estavam a mulher e as crianças acima, que estão chegando em Birkenau, em maio de 1944.

O ASSASSINATO DAS VÍTIMAS
CAPÍTULO QUATRO

Casas da Estrela de Davi
Leis antissemitas restringiram os judeus a apenas certas áreas da capital, Budapeste. Então, em junho de 1944, 200.000 deles foram removidos para 2.000 abrigos, prontos para a deportação, que estava para começar em julho e agosto. Casas eram marcadas com a Estrela de Davi e os judeus eram forçados a portar um crachá amarelo de identificação.

Tentativas de resgate
No verão de 1944, alguns países neutros e organizações internacionais ofereceram a 25.000 judeus de Budapeste um passaporte para proteção e os resguardaram em um "gueto internacional" em edifícios de governos estrangeiros. Aqui, judeus tentam entrar na "Casa de Vidro", um edifício do governo suíço que abrigou aproximadamente 3.000 pessoas.

Mais de 550.000 judeus húngaros foram mortos durante o Holocausto.

A CRUZ FLECHADA

Em outubro de 1944, alemães estabelecem no poder o partido antissemita Cruz Flechada, na Hungria. Esse governo entregou aproximadamente 70.000 judeus para realização de trabalhos forçados, removeu todos os judeus de Budapeste para o gueto e restringiu ainda mais o controle das áreas ao redor. Unidades da Cruz Flechada, constituídas principalmente de adolescentes armados, torturavam e matavam centenas a cada dia. Este memorial com sapatos às margens do rio Danúbio relembra os judeus que morreram quando foram amarrados juntos, fuzilados e atirados às águas do rio.

Marchas da morte rumo à Áustria
A deportação dos judeus de Budapeste começou em outubro de 1944. Não havia trens em quantidade suficiente para transportá-los aos campos de concentração. Por isso, muitos foram forçados a marchar até a Áustria. Esta foto mostra o início da caminhada. A longa jornada e o frio do inverno resultaram na morte de 98.000 deles em janeiro de 1945.

AGARRANDO-SE À VIDA

CAPÍTULO CINCO

O HOLOCAUSTO PÔDE ACONTECER porque houve poucas tentativas de parar os planos nazistas ou salvar suas vítimas. Embora alguns judeus tenham conseguido escapar, a maioria dos países não lhes cedia refúgio e protestos de grupos judaicos raramente eram bem-sucedidos. Mas houve atos de grande bravura enquanto as pessoas se agarravam à vida – não judeus ajudando judeus, pessoas (judias ou não) lutando contra os nazistas e pessoas que conseguiam escapar dos campos de extermínio.

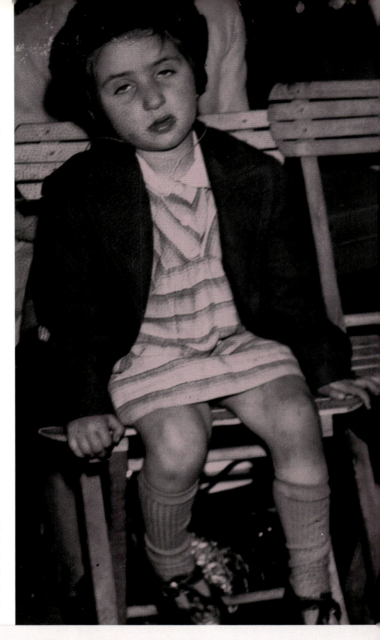

Enviados para a segurança
No dia 14 de julho de 1939, estas crianças austríacas chegaram a Londres como parte do *Kindertransport*, que consistiu no transporte de 10.000 crianças judias da Alemanha e da Tchecoslováquia para o Reino Unido, feito por grupos de judeus e cristãos que arrecadaram dinheiro para passagens e acomodações.

EUROPA

- **1933** – Na Alemanha, nazistas aprovam leis discriminatórias contra judeus. A organização Juventude Aliyah é fundada na Alemanha para auxiliar na emigração segura de crianças judias
- **1940** – O cônsul japonês Chiune Sugihara emite vistos para judeus lituanos. Em Portugal, contrariando a política oficial, Sousa Mendes emite vistos para refugiados judeus
- **1917** – Declaração Balfour, na Grã-Bretanha – sobre a administração da Palestina – estabelece um território nacional para o povo judeu na Palestina
- **1938** – Na Conferência de Evian, na França, 32 nações discutem a crise de refugiados judeus. *Kindertransport* tem início. *Kristallnacht* – noite de violência contra judeus
- **1941** – Inteligência britânica intercepta mensagem codificada dos alemães sobre assassinato de judeus na União Soviética

1917 | 1920 | 1929 | 1933 | 1936 | 1938 | 1939 | 1940 | 1941

MUNDO

- **1920** – Mandato Britânico da Palestina começa a vigorar
- **1936** – Na Palestina, árabes protestam contra a imigração judaica
- **1941** – Japão bombardeia navios americanos em Pearl Harbor, Havaí
- **1929** – Na Palestina, a Agência Judaica, formada para apoiar a imigração de judeus, é reconhecida
- **1939** – Começa a II Guerra Mundial (até 1945). O navio *SS St. Louis* não consegue obter porto seguro para mais de 900 refugiados judeus. Nos Estados Unidos, rabinos criam um comitê de resgate para salvar judeus europeus

114

Em Amsterdã, na Holanda, Anne Frank e a família se escondem. Na Polônia, é criada uma organização clandestina de resgate, Zegota. Um telegrama de Reigner alerta os Aliados sobre os planos de extermínio em massa de judeus em Auschwitz

Dois prisioneiros escapam de Auschwitz e revelam o que está acontecendo lá. Nazistas negociam com os Aliados a entrega de um milhão de judeus em troca de veículos e suprimentos

7.500 judeus dinamarqueses fogem para a Suécia. Tentativa de fuga no campo Sobibor, na Polônia

25.000 judeus prisioneiros são retirados da Alemanha para a Suécia. Têm início os julgamentos de líderes nazistas no tribunal de crimes de guerra de Nuremberg, na Alemanha

1942   1943   1944   1945   1948

Estados Unidos entram na II Guerra Mundial

Os Estados Unidos lançam bombas atômicas sobre Hiroshima e Nagasaki, no Japão

Em Washington, 400 rabinos americanos protestam por causa da situação dos judeus na Europa. Na cidade de Nova York, 70.000 pessoas participam da manifestação "Parem Hitler Agora"

Estado judaico de Israel é declarado. Começa a guerra árabe-israelense (até 1949)

TENTANDO ESCAPAR

Os nazistas queriam a Alemanha e o resto da Europa livre dos judeus e, para encorajá-los a partir, dificultaram suas vidas. Inicialmente, permitiam aos judeus que levassem consigo algum dinheiro e seus pertences, mas com o tempo os nazistas começaram a taxá--los por estarem deixando a Alemanha e restringiram o que podiam levar. Algumas famílias eram divididas caso não pudessem arcar com as taxas de emigração. Para muitos judeus alemães, foi só depois da *Kristallnacht*, em 1938, que a ameaça nazista a suas vidas e a necessidade urgente de partir ficaram evidentes.

Política nazista de emigração judaica
Em 1937, os nazistas pediram aos britânicos que aceitassem um número expressivo de judeus no território palestino, mas o pedido foi recusado. Líderes nazistas decidiram então que eram necessárias medidas mais drásticas para aplacar o "problema judeu". Enquanto estiveram sob a ocupação nazista, políticas similares de emigração forçada existiram na Áustria e na Tchecoslováquia. Estes judeus estão em fila para obter vistos de saída, em Viena, na Áustria.

A Conferência de Evian
Em 1938, representantes de 32 países reuniram--se em Evian, na França, para discutir o tema da busca judaica por asilo político. Embora todos os países expressassem simpatia à causa, inclusive os Estados Unidos e a Grã-Bretanha, todos deram desculpas para não receber refugiados judeus. Este cartum, retirado de um jornal norte--americano, mostra um judeu sem ter aonde ir.

Refúgio Seguro
A despeito de relatos internacionais sobre a violência dos nazistas e suas leis antissemitas, ainda era muito difícil para os judeus encontrar um refúgio seguro. Eles tinham pouquíssimas opções, e mesmo os países que queriam recebê-los os aceitavam apenas em pequena quantidade, como mostra a tabela.

RECEPÇÃO DE JUDEUS

País	Número	País	Número
EUA	102.222	Canadá	6.000
Argentina	63.500	Itália	5.000
Reino Unido	52.000	Tchecoslováquia	5.000
Palestina	33.399	Suécia	3.200
França	30.000	Cuba	3.000
Holanda	30.000	Espanha	3.000
África do Sul	26.100	Hungria	3.000
Polônia	25.000	Uruguai	2.200
Xangai	20.000	Dinamarca	2.000
Bélgica	12.000	Noruega	2.000
Portugal	10.000	Filipinas	700
Austrália	8.600	Venezuela	600
Brasil	8.000	República Dominicana	472
Suíça	7.000	Japão (número desconhecido, centenas)	
Iugoslávia	7.000	México (número desconhecido, milhares)	
Bolívia	7.000		

A Terra Prometida
Um nome pelo qual são conhecidos o território de Israel e sua capital, Jerusalém, é Sião. Por dois mil anos, os judeus nutriram o sonho do sionismo – o retorno à terra natal. Na década de 1930, o sentimento sionista tornou-se ainda mais forte. Este pôster é do filme francês de 1935 chamado *Terra Prometida* – sobre a esperança de criação da terra de Sião, na Palestina.

Mandato Britânico da Palestina
Depois da I Guerra Mundial, a Grã-Bretanha passou a controlar a região da Palestina, no Império Otomano, e planejava fazer da área o território nacional dos judeus. Estes passageiros a bordo do *Patria* estão fugindo dos nazistas e rumando à Palestina. Contudo, muitos árabes opuseram-se à imigração judaica e, em 1939, a Grã-Bretanha restringiu o número de imigrantes a 75.000 por cinco anos.

Limites à liberdade
Entre 1933 e 1939, cerca de 270.000 judeus alemães solicitaram vistos de imigrante aos Estados Unidos. Estas crianças refugiadas acenam à Estátua da Liberdade. Contudo, a cota de imigrantes, limitada em parte devido ao antissemitismo da população e de alguns membros do governo, significava que menos vistos eram concedidos.

> *Dos mais de 900 passageiros do St. Louis, menos de 300 sobreviveram ao Holocausto.*

Viagem condenada
Em maio de 1939, o *SS St. Louis* partiu da Alemanha em direção a Cuba, levando mais de 900 refugiados judeus, incluindo estas mulheres. Contudo, a política de imigração havia mudado e os refugiados não puderam entrar. O navio então continuou navegando em direção a outros portos, mas nenhum país queria aceitá-los. Não havia opção a não ser retornar à Europa.

ESFORÇOS JUDAICOS NO RESGATE A JUDEUS

Fora da Europa, indivíduos e grupos judaicos tentaram ajudar os judeus da Europa. Eles protestaram contra o nazismo, clamaram pela intervenção de governos e deram assistência a judeus nos guetos. Alguns auxiliaram em fugas, enquanto outros buscavam acordos para tentar impedir deportações.

O trabalho da "Liga"

Entre 1939 e 1945, o Comitê de Distribuição Conjunta dos Judeus Americanos – conhecido como "A Liga" – arrecadou mais de 70 milhões de dólares para assistência às vítimas do Holocausto, provendo auxílios como orfanatos, escolas e refeitórios coletivos. A Liga também ajudava os judeus a escapar, como este garoto que está prestes a embarcar em um navio para Portugal.

Rabinos americanos

O Comitê de Resgate *Vaad ha-Hatzala*, de rabinos americanos, foi criado em novembro de 1939. Até 1941, o Comitê já havia auxiliado 650 rabinos e estudantes judeus a chegar aos Estados Unidos, à Palestina, a Xangai, dentre outros destinos, e resgatado 1.200 judeus do gueto-campo de Terezin, na Tchecoslováquia. Na imagem acima, em Washington, em 1943, 400 rabinos caminham para exigir do Presidente Roosevelt o resgate de judeus da Europa ocupada pelos nazistas.

Conferência de Bermuda

Em abril de 1943, uma conferência internacional discutia o apelo das vítimas do nazismo. Os Aliados, temendo serem obrigados a receber os judeus, concordaram em não pedir à Alemanha que liberasse a saída de refugiados. A Grã-Bretanha passou a não permitir mais a entrada de judeus na Palestina e os Estados Unidos não alteraram suas leis de imigração. Uma organização judaica publicou este anúncio no jornal *The New York Times* para expor a conferência: "Para os 5.000.000 de judeus presos nas armadilhas letais do nazismo, Bermuda foi um "escárnio cruel".

A Agência Judaica

Esta organização encorajava judeus a se fixarem na Palestina Britânica. Ela salvou 50.000 pessoas por meio de um acordo pelo qual os alemães "exportariam" judeus e tomariam o dinheiro deles como forma de pagamento. A agência também organizou imigração ilegal para a Palestina. Em 1939, os britânicos confinaram os 850 refugiados da Romênia neste navio, o *Parita*.

Salvando jovens judeus

Um importante projeto da Agência Judaica foi a Juventude Aliyah (imigração), que em 1934, começou a salvar crianças judias em situação perigosa ou de dificuldades, educando-as e levando-as para viver na Palestina. Antes do Holocausto, cerca de 5.000 delas foram educadas em internatos e em vilas para crianças. A Agência também resgatou jovens da Alemanha nazista, incluindo estas aqui.

HANNAH SZENES

Nascida na Hungria, em 1921, Hannah Szenes acreditava que a Terra de Israel era o verdadeiro lar do povo judeu e partiu aos 18 anos para lá viver. Ela se alistou no exército britânico e bravamente se voluntariou para saltar de paraquedas sobre a Hungria com a missão de coletar informações sobre as atividades nazistas e resgatar judeus. Embora os nazistas tenham capturado e torturado Hannah, ela nunca se rendeu, nem traiu seus parceiros. Os nazistas executaram-na por fuzilamento em 1944.

Sangue por caminhões

Em 1944, o líder nazista Adolf Eichmann e os ativistas judeus húngaros Joel e Hansi Brand tiveram a ideia do "sangue por caminhões": se os Aliados enviassem aos nazistas 10.000 caminhões, os nazistas libertariam um milhão de judeus e os expulsariam da Europa. Mas os Aliados não quiseram ajudar os nazistas a vencer a guerra fornecendo-lhes equipamentos, como também não queriam um milhão de judeus. O fracasso do acordo significou a continuação das deportações de judeus húngaros, tais como esta mulher mostrada aqui em sua chegada a Birkenau.

O Plano Europa

As deportações da Eslováquia começaram em 1942, e estas pessoas estavam entre os deportados. Contudo, quando ativistas judeus subornaram um oficial da SS com uma quantia em torno de 40.000 ou 50.000 dólares, as deportações pararam. Eles decidiram tentar praticar a ideia em outras partes e assim nasceu o Plano Europa: judeus do mundo todo pagariam de 2 a 3 milhões de dólares para que os nazistas parassem com as deportações na Europa. Tragicamente, o plano falhou porque as organizações judaicas não conseguiram que os bancos transferissem o dinheiro para os países ocupados pelo nazismo.

OS ESFORÇOS MUNDIAIS PARA RESGATAR AS VÍTIMAS

Os governos da maioria dos países fizeram muito pouco para resgatar as vítimas do nazismo ajudando-os a escapar ou lhes oferecendo refúgio. Quando ofereciam asilo, frequentemente era para pessoas que possuíam habilidades úteis ou que eram famosas por seus talentos. Mas alguns governos, organizações e indivíduos demostraram compaixão oferecendo ajuda às vítimas e salvando muitas vidas.

Frank Foley
Nos anos de 1930, o inglês Frank Foley trabalhava na embaixada britânica em Berlim. Agindo sozinho — mas com o conhecimento do governo britânico — ele emitiu vistos para países sob o domínio britânico para judeus desesperados em deixar a Alemanha. Muitos dos 10.000 que ele salvou não faziam ideia de quem os havia salvado.

Salvando crianças
Depois da *Kristallnach*, em 1938, um grupo de judeus, *quakers*, e cristãos britânicos solicitaram ao governo se poderiam levar crianças à Grã-Bretanha por razões de segurança. O *Kindertransport* (transporte de crianças) foi autorizado desde que particulares arcassem com todos os custos. Metade das crianças foi para instituições como esta abaixo, e metade para famílias adotivas.

Rumo ao desconhecido
As crianças do *Kindertransport* partiram via trens, navios e ônibus para um país totalmente estranho a elas. Todas tinham que usar plaquinhas de identificação. Algumas crianças eram muito novas e nunca tinham estado longe de casa. A maioria nunca mais viu seus pais.

Entre dezembro de 1938 e setembro de 1939, o Kindertransport *organizou viagens e abrigo para 10.000 crianças refugiadas. Em 1940, a Grã-Bretanha internou 1.000 crianças vindas pelo* Kindertransport, *classificando-as de "estrangeiros inimigos".*

AGARRANDO-SE À VIDA
CAPÍTULO CINCO

Segurança na Suécia
O conde Folke Bernadotte, representando a Cruz Vermelha sueca, conseguiu persuadir os nazistas a libertarem alguns prisioneiros dos campos de concentração da Alemanha. Em março e abril de 1945, 36 ônibus da Cruz Vermelha sueca transportaram 25.000 prisioneiros em segurança para a Suécia. Dentre eles, estavam alguns milhares de judeus, incluindo estas mulheres, que haviam estado presas em Ravensbrück.

Fuga da Dinamarca ocupada
Em 1943, os nazistas planejavam deportar todos os 7.500 judeus da Dinamarca ocupada. Então, pescadores dinamarqueses, determinados a salvar os judeus, rapidamente transportaram-nos para a neutra Suécia em seus barcos. Patrulhas germânicas insinuavam que essas travessias noturnas eram altamente perigosas, mas 99% dos judeus dinamarqueses foram salvos.

Judeus na Albânia
Quase todos os 600 judeus albaneses sobreviveram porque muitos oficiais do governo albanês concordaram em falsificar documentos para eles. Albaneses cristãos e muçulmanos também esconderam indivíduos ou famílias, como este homem e seu filho. A Albânia ofereceu proteção também para judeus que escaparam para a Albânia oriundos da Sérvia, da Áustria e da Grécia.

Ajuda da Itália
Os judeus eram uma pequena, mas importante, parte da sociedade italiana. Muitos sobreviveram ao Holocausto porque alguns oficiais italianos e cidadãos obstruíam deportações e ajudavam-nos a escapar. Esta foto mostra judias chegando à ilha de Rab, na Iugoslávia ocupada pela Itália. Oficiais italianos levaram-nas a este ponto isolado para protegê-las.

CAPÍTULO CINCO
AGARRANDO-SE À VIDA

VOZES
O KINDERTRANSPORT

Centenas de crianças escaparam da perseguição e do terror do Holocausto ao serem enviadas de trem até a Inglaterra. Entretanto, terem sido separadas de seus pais em idades tão precoces foi uma experiência traumática a todas elas. Muitas não tinham a mínima ideia se veriam ou não seus pais novamente. Algumas foram felizes em suas novas famílias, mas outras sentiam muito a ausência da família.

"Havia pais e crianças. Havia muitas lágrimas. Muitos abraços e muitos beijos, mas os pais das crianças se forçando a colocar seus filhos nos trens e enviá-los para longe."

"Antes da guerra estourar, eu recebia de minha mãe um cartão por dia, perguntando se eu estava me sentindo bem, se tudo estava bem, se eu tinha comida suficiente. Tenho o suficiente para beber? Estou dormindo bem? Estou trocando de roupa e de roupa íntima? Coisas com que as mães se preocupam. Estou me dando bem com as pessoas? Elas são legais comigo? Estão cuidando bem de mim? Assim que ela terminava de escrever um cartão, já devia começar a escrever o próximo. E cada dia, com cada cartão, eu chorava de soluçar. Eu chorava até dormir, todas as noites, por muitos anos. A sensação de saudade era terrível. Lembro-me de ter ido a um pequeno cinema em Westbourne Grove, quando eu ainda morava no albergue e eles estavam passando ali o filme chamado A Grande Valsa, que era sobre a vida de Johann Strauss. Ele mostrava imagens de Viena, que eu conhecia bem, e eu fiquei ali sentado na sala de cinema, chorando muito. As pessoas perto de mim devem ter se perguntado se eu estava louco."

Emma Mogilensky
(Nascida na Alemanha, em 1923)
Emma teve de deixar seu lar na Alemanha em 1939 e viajou em um trem *Kindertransport*, de Munique até Londres.

Eric Richmond
(Nascido na Áustria, em 1924)
Eric relembra ter visitado cinemas em Londres, depois de chegar no *Kindertransport*, e sentir saudades terríveis de casa e de seus pais.

122

AGARRANDO-SE À VIDA
CAPÍTULO CINCO

"Deve ter sido em maio de 1939. Estávamos sentados à mesa, jantando, e minha mãe ainda não havia tocado em sua comida. Ela de repente empurrou seu prato, olhou para meu pai e disse, 'Eu ouvi hoje que tanto a Vera quanto a Eva podem ser mandadas à Inglaterra', e se fez um silêncio mortal. Meu pai de repente pareceu muito pálido e esgotado, e enterrou seu rosto nas mãos, então suspirou e disse: 'Está bem, deixe-as ir'. Foi um momento muito estranho. Depois daquilo me senti tomada por excitação e apreensão — eu não conhecia ninguém da nossa cidade que já houvesse estado na Inglaterra. De repente, minha irmã e eu viramos o centro das atenções e aquilo tudo parecia uma grande aventura e, mesmo assim, estávamos ambas indo para lugares diferentes. Eu estava sendo enviada para uma família em Liverpool e minha irmã, para uma escola em Dorset. Muitos anos depois, quando eu descobri quem foi o homem que organizou os transportes e salvou nossas vidas, soube que muitas pessoas reclamavam por ele ter separado vários irmãos. Ele dizia, tão sábia e corretamente: 'Se eu tivesse esperado por uma família que concordasse em receber duas crianças refugiadas por tempo ilimitado, vocês provavelmente não estariam aqui hoje.'"

"Eu fui conduzida a uma sala vazia e deixada lá esperando, quer dizer, você pode imaginar? Antes do seu décimo-primeiro aniversário, esperando por alguém com quem você vai viver, que será responsável por sua vida, e a quem você nunca conheceu. Havia apenas uma pequena cadeira lá e minha mochila, e eu fiquei esperando a porta se abrir e lá estava ela! Uma senhora pequena, dificilmente mais alta do que eu era naquele momento, com um chapéu na cabeça que estava todo torto, e um sobretudo todo abotoado até em cima, usando óculos enormes, e ela me espiou por detrás desses óculos. Mas seu rosto se abriu no maior sorriso que se poderia ver e ela começou a gritar e chorar ao mesmo tempo em que corria até mim, me abraçava e falava palavras que eu não entendia, mas que eu aprendi depois, que foram: 'Você será amada'. E eu fui amada."

Vera Gissing
(Nascida na Tchecoslováquia, em 1928)
Vera deixou Praga com sua irmã em 1939.
Embora tenham sido enviadas a diferentes
famílias na Inglaterra, Vera ficou feliz.

ESCONDENDO E AJUDANDO JUDEUS

Muitos judeus foram salvos por indivíduos e grupos não judeus que os viam como seres humanos com direito à vida – mesmo que essas pessoas não judias estivessem se arriscando a sofrer punições e até mesmo a morte se os nazistas os pegassem. Além de coragem e compaixão, eles mostraram determinação ao não aceitar as crenças difundidas pelos nazistas sobre os judeus e ao criar meios de ajudar. Os judeus os chamam de Justos dentre as Nações ("Righteous Among the Nations"), e qualquer pessoa pode se inspirar em seu amor e em sua coragem moral.

Nos lugares mais improváveis
Os judeus eram com frequência escondidos em lugares extraordinários, como celeiros, adegas, sótãos e salas com paredes falsas ou alçapões no chão. Esta mesa foi criada para esconder um judeu abrigado em Roma, sempre que houvesse alguém nos arredores em quem não se pudesse confiar.

Uma rede de resgate
Sob a orientação de seu pastor cristão, os moradores do vilarejo de Le Chambon-sur-Lignon, na França, nunca traíram sequer um judeu em fuga. Em suas casas e fazendas, eles deram guarida e proteção a aproximadamente 5.000 judeus, incluindo estes, na imagem ao lado. Suas redes de colaboração guiavam fugitivos para segurança na Espanha ou na Suíça.

Entre 1943 e 1945, Oskar e Emilie Schindler salvaram 1.200 judeus empregando-os em suas indústrias.

VISTOS PARA A VIDA

Aristides de Sousa Mendes
Em 1940, refugiados em Bordeaux, na costa Francesa, esperavam poder escapar pelo mar. O rabino Krueger (à esquerda) solicitou que Aristides de Sousa Mendes, cônsul português, emitisse vistos. Embora o governo português tivesse proibido, Mendes emitiu vistos para 30.000 famílias, um terço das quais era de origem judaica. Ele perdeu seu emprego e morreu na pobreza.

Chiune e Yukiko Sugihara
Alguns dos judeus na Lituânia puderam comprar seus vistos para ilhas das colônias holandesas e eles pediram vistos de trânsito para Chiune Sugihara (cônsul japonês na Lituânia). Ignorando ordens do governo, por 29 dias no verão de 1940 ele e sua esposa, Yukiko, escreveram de próprio punho e assinaram mais de 300 vistos por dia. Eles salvaram as vidas de seis a doze mil pessoas, embora isso tenha custado o emprego de Sugihara.

Raoul Wallenberg
Em 1944, quando os judeus húngaros estavam sendo deportados, Raoul Wallenberg era um diplomata sueco em Budapeste. Sua missão era oferecer passes que pudessem ajudar a salvar vidas. A Hungria, então sob controle nazista, concordou com o número de 1.500, mas ele barganhou até chegar a 4.500 e emitiu o triplo desta quantidade. Ele acabou sendo sequestrado e nunca mais foi visto.

O trabalho da Zegota

Zegota foi a única organização ilegal de judeus e não judeus da Polônia e salvou entre quatro e seis mil judeus. Irena Sendler contrabandeava crianças para fora do gueto de Varsóvia em sacos para corpos, para que os nazistas pensassem que fossem cadáveres. Quando as crianças judias mudavam seus nomes, ela colocava seus verdadeiros nomes em jarras e os enterrava, para recuperá-los posteriormente.

Oskar e Emilie Schindler

Como membro do Partido Nazista, Oskar Schindler socializava bastante com os nazistas de alto escalão e pôde suborná-los ou persuadi-los de que precisava de judeus em suas fábricas na Polônia. Sua esposa, Emilie, vendeu suas joias para a compra de remédios e cuidava dos doentes na clínica que ela mesma montou. Eles salvaram 1.200 pessoas, que se autodenominam judeus Schindler.

O anexo secreto

Em 1942, a família Frank escondeu-se na Holanda com quatro outras famílias. O anexo secreto era muito pequeno e a filha mais nova da família Frank, Anne, registrou em diário o medo de se viver em segredo e os sacrifícios dos não judeus que os mantiveram vivos por dois anos.

NÚMERO DE JUSTOS

Polônia	5.941
Holanda	4.726
França	2.646
Ucrânia	2.139
Bélgica	1.414
Hungria	671
Lituânia	630
Bielorrússia	564
Eslováquia	460
Alemanha	427
Itália	391
Grécia	265
Sérvia	121
Rússia	120
República Tcheca	115
Croácia	105
Letônia	100
Áustria	85
Moldávia	71
Albânia	63
Romênia	52
Suíça	38
Bósnia	34
Noruega	26
Dinamarca	21
Bulgária	17
Grã-Bretanha	13
Suécia	10
Macedônia	10
Armênia	10
Eslovênia	6
Espanha	3
Estônia	3
China	2
EUA	2
Brasil	2
Chile	1
Japão	1
Luxemburgo	1
Portugal	1
Turquia	1
Geórgia	1
Total	21.310

Justos dentre as nações ("Righteous Among the Nations")

Esta tabela mostra os números de Justos dentre as Nações que puderam ser identificados em 2006. O movimento dinamarquês de resistência, *Danish Underground*, solicitou que seus membros fossem contados como um, então o número 21 significa a entidade *Danish Underground* mais outros 20 indivíduos.

Um policial holandês sai de um forte subterrâneo usado por judeus como esconderijo entre 1942 e 1943. Foram construídos muitos outros iguais a este nas florestas de toda a Europa.

"Nós removíamos a terra e a carregávamos para quilômetros de distância. Então roubávamos as portas de algum celeiro para fazer com elas as nossas portas. Chegávamos até a colocar árvores por cima. Se alguém nos flagrasse, tínhamos que começar de novo."

Eta Wrobel e seu pai escaparam da liquidação do gueto ao fugir para a floresta, onde montaram uma célula de resistência. Ela sobreviveu à guerra.

VOZES
VIDA NA CLANDESTINIDADE

De um pequeno buraco no celeiro a um sótão secreto, milhares de famílias judias sobreviveram à guerra se escondendo, ajudadas por pessoas que punham suas vidas em risco ao fazê-lo. Mesmo assim, as condições eram árduas e os clandestinos tinham que conviver com o constante medo de serem descobertos.

"*Eles nos escondiam* no celeiro, onde cavaram um buraco, sobre o qual ficava o chiqueiro. O buraco era comprido o suficiente para que eu e minha mãe nos deitássemos, mas tão apertado que se uma de nós deitasse de costas, a outra devia ficar de lado. Nós não podíamos ficar em pé, acho que podíamos nos sentar e à noite deixavam-nos sair. Era um breu completo. Como uma tumba. No começo, minha mãe me contava histórias. Depois de tudo, ela me disse que contou sobre todos os livros que ela já tinha lido, sobre os filmes que tinha visto, mas depois de um certo tempo eu imagino que ela tenha ficado sem mais histórias para contar, qualquer que tenha sido a razão (eles também baixavam comida para nós uma vez ao dia). Meus dias e minhas noites se misturaram, então quando ela estava acordada, eu estava dormindo e quando eu estava acordada, ela estava dormindo. Então me transportei para um mundo totalmente fantástico. Eu vivia apenas nesse mundo de faz de conta."

"*Nós temos sido* severamente lembrados que estamos nos escondendo, que somos judeus em grilhões, presos a um só lugar, sem nenhum direito, com mil obrigações... Algum dia essa guerra terrível irá terminar. Com certeza haverá um tempo em que seremos pessoas novamente, e não apenas judeus."

Anne Frank
(Nascida na Alemanha, em 1929)
Anne escreveu seu diário da vida como clandestina em Amsterdã de 1942 até 1944. Depois de ter sido descoberta, ela foi enviada a Auschwitz. Ela morreu em Bergen-Belsen.

Claire Boren
(Nascida na Polônia, em 1938)
Claire e sua mãe se esconderam de 1942 até 1944, primeiro em um porão e depois em uma fazenda.

AGARRANDO-SE À VIDA
CAPÍTULO CINCO

"**D**EZEMBRO, DIA 7, 1942. Todos os dias, mais e mais judeus são deportados – uma hora de um lugar, outra hora de outro. Dizem que os alemães têm um pessoal especial que circula pela cidade tentando descobrir onde os judeus estão morando, e eles então expõem esses locais e os alemães vêm e levam nossos irmãos embora."

"**J**ANEIRO, DIA 7, 1943. Na noite passada, meus pais e eu estávamos sentados à mesa. Era quase meia-noite. De repente ouvimos a campainha – todos nós estremecemos. Pensamos que o nosso momento de sermos deportados havia chegado. Minha mãe já tinha calçado os sapatos para ir atender à porta, mas meu pai disse que esperasse até que tocasse outra vez. Mas a campainha não soou de novo. Graças aos céus aquilo passou rapidamente. Só o medo permaneceu, e por todo o dia meus pais continuaram muito nervosos. Eles não conseguem suportar o menor barulho, e as coisas mais ínfimas os perturbam..."

"**A**ONDE FOMOS, EU não faço ideia... Fomos a uma casa e imagine: havia um armário holandês que chegava a esta altura e tinha duas portas e ele tinha potes, panelas, pratos e tudo o mais. Andamos na direção daquele armário e a mulher bateu seu pé contra o chão duas vezes – pá, pá! – desse jeito. Então ela abriu aquelas portinhas do armário, tirou os pratos e as panelas, a prateleira de baixo foi levantada, havia uma escada apontando para baixo e nós descemos a escada. Quando chegamos lá em baixo, havia umas 14 ou 15 crianças!... Ficamos lá por umas duas ou três semanas. Não era um ambiente muito saudável para crianças ficarem, mas ficávamos. Se quisesse que ficássemos quietos, se alguém viesse à casa, ela batia no chão três vezes. Isso significava 'nem um pio'! Éramos treinados, como fuzileiros navais – nem um suspiro, nem um espirro, nem as pálpebras se moviam, tudo ficava absolutamente quieto. Se batiam no chão duas vezes, é porque o risco já tinha passado, então podíamos falar novamente."

Alexander Van Kollem
(Nascido na Holanda, em 1928)
Alexander escondeu-se de 1942 a 1943, primeiro num porão e depois em duas fazendas.

Moshe Flinker
(Nascido na Holanda, em 1926)
Moshe escreveu seu diário no esconderijo, antes que ele e sua família fossem presos e levados a Auschwitz-Birkenau e mortos em uma câmara de gás, em 1944.

CAPÍTULO CINCO · AGARRANDO-SE À VIDA

AS IGREJAS

Hitler e a Igreja Católica
A Igreja Católica Romana nutria esperanças de que o Terceiro Reich conseguiria derrotar o comunismo. Hitler prometeu não interferir nos interesses da Igreja, e o Papa Pio XII garantiu que a Igreja não comentaria sobre as atividades e políticas do nazismo. A Igreja ignorou as atrocidades nazistas e, quando judeus em Roma foram deportados, quebrou sua garantia de protegê-los. Esta freira está pedindo o autógrafo de Hitler.

Cristãos têm constantemente debatido se devem se envolver em ações políticas para a transformação do mundo ou se concentrar na transformação de si próprios e sua relação com Deus. Durante o período do nazismo, especialmente quando o Terceiro Reich começou a perseguir minorias, esse debate se intensificou. A maioria das igrejas europeias e dos indivíduos cristãos assumiu uma postura neutra. Mas alguns colaboraram com os nazistas, enquanto outros ofereceram oposição a eles, às vezes ao custo de sua própria vida. Muitos cristãos que resgataram judeus eram membros de minorias religiosas.

Judeus e as igrejas
Quaisquer judeus que recebessem proteção de uma igreja tinham que se passar por cristãos para evitar serem descobertos pelos nazistas ou delatados a eles. Às vezes, as congregações de algumas igrejas esperavam que os judeus que ajudavam a se esconder se convertessem ao cristianismo. Estes dois, talvez ostentando a estrela amarela pela última vez, buscam refúgio em uma igreja. O ângulo que o fotógrafo escolheu enfatiza a força e do tamanho da igreja.

"Crianças escondidas"
Alguns pais judeus salvaram seus filhos de serem deportados ao confiá-los a uma família ou organização cristã. "Crianças escondidas" eram educadas sob a fé cristã e deviam sempre esconder sua identidade judaica. Esta menina judia, retratada ao lado de seu primo e de um padre, recebe sua primeira comunhão como membro da Igreja Católica.

Socorridos por *quakers*
Os *quakers* (ou "Sociedade de Amigos") são um grupo religioso que se recusa a lutar em qualquer guerra. Durante o Holocausto, os *quakers* esconderam e socorreram crianças, como estes meninos judeus espanhóis que estão ajudando *quakers* americanos em um campo de refugiados francês. Eles também salvaram muitos judeus franceses transportando-os ilegalmente para a Suíça e levaram 1.000 crianças judias para os Estados Unidos.

Cristãos alemães
A Igreja Evangélica Alemã era a principal igreja protestante na Alemanha. Um grupo denominado Cristãos Alemães tornou-se a voz dos nazistas dentro da Igreja, e seu líder, Ludwig Müller, fazendo a saudação nazista na foto acima, chegou a receber o título de "Bispo do Reich", em 1933. Cristãos alemães impediram não arianos de ocuparem cargos de ministros ou professores da igreja, e demitiram qualquer um que tivesse ancestrais judeus.

PRIMEIRO ELES VIERAM...

Primeiro, os nazistas vieram buscar os comunistas e eu não protestei – porque eu não era um comunista.

Então eles vieram para buscar os socialistas, e eu não protestei – porque eu não era um socialista.

Então eles vieram para buscar os sindicalistas, e eu não protestei – porque eu não era um sindicalista.

Então eles vieram para buscar os judeus, e eu não protestei – porque eu não era um judeu.

Então eles vieram para me buscar – e não restava mais ninguém para protestar por mim.

Pastor Martin Niemöller
A Igreja Confessionária era dirigida pelo pastor Martin Niemöller. Ele disse que preferiria pôr fogo em sua igreja a ter que rezar a trindade nazista de "raça, sangue e solo". Sua afirmação, acima, sobre tomar uma posição contra a injustiça tornou-se famosa. Ele foi deportado para um campo de concentração.

Dietrich Bonhoeffer
Um líder da Igreja Confessionária, Dietrich Bonhoffer, acreditava que os judeus deveriam se converter ao cristianismo, mas corajosamente se opôs aos planos nazistas de assassinar judeus. Esta forte escultura de bronze à frente de sua igreja em Berlim simboliza o modo como os nazistas enforcaram-no na prisão, nu e de joelhos. Ele foi capturado enquanto ajudava judeus a escaparem para a Suíça.

OS ALIADOS

Os Aliados jamais teriam imaginado ou previsto o nível das atrocidades do Holocausto – e os nazistas foram cuidadosos para ocultar ao máximo essas informações. Embora os Aliados estivessem parcialmente cientes do que estava acontecendo, eles não tornaram isso conhecido do grande público por causa das regras concernentes aos "segredos de Estado". Atualmente, questiona-se o motivo de os Aliados terem se esforçado tão pouco para impedir os massacres nazistas, o que teria salvo milhões de vidas.

Famílias ouvem as notícias pelo rádio
No começo dos anos de 1940, não havia internet ou televisão com notícias em tempo real. Contudo, na Europa, nos Estados Unidos e em outros países, muitas famílias – como esta, americana – tinham um rádio em casa. Essa era a principal fonte de entretenimento e de informação, e as transmissões de rádio também davam notícias de como a guerra estava progredindo.

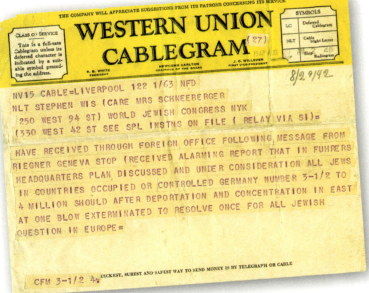

O telegrama Riegner
Em 10 de agosto de 1942, Gerhart Riegner, um advogado europeu, enviou um telegrama para os governos britânico e norte-americano sobre os planos dos nazistas de começar a matar judeus por inalação de gás tóxico em Auschwitz naquele outono. Um oficial do governo britânico enviou o telegrama, mostrado aqui, para o rabino Stephen Wise, um líder judeu americano. Por segurança, ele enviou a mensagem via governo dos Estados Unidos, mas ela só foi entregue a Wise no dia 29 de agosto. Em 24 de novembro, os Estados Unidos anunciaram o que estava acontecendo. Mas os assassinatos nas câmaras de gás já haviam começado.

Estação X
Bletchley Park, conhecida como Estação X, era um dos centros de decodificação do governo britânico durante a II Guerra Mundial. Especialistas trabalhavam contra o relógio para quebrar o código da Enigma, a máquina alemã de criptografia de mensagens mostrada aqui. Isso ajudou a interceptar mensagens alemãs, incluindo uma sobre o massacre de milhares de judeus na União Soviética em junho de 1941.

Rabino Stephen Wise
Como presidente do Congresso Judaico Americano, o rabino Stephen Wise tentou persuadir o governo norte-americano a parar o massacre de Judeus. Mas o governo o ignorava, ou alegava que ele não tinha evidências. Em março de 1943, 70.000 pessoas participaram do ato "Parem Hitler agora", organizado pelo Congresso Judaico Americano na cidade de Nova York. Wise continuou a falar a outras multidões (foto à esquerda), mas, como os outros aliados, os Estados Unidos não agiram para salvar as vítimas do Holocausto.

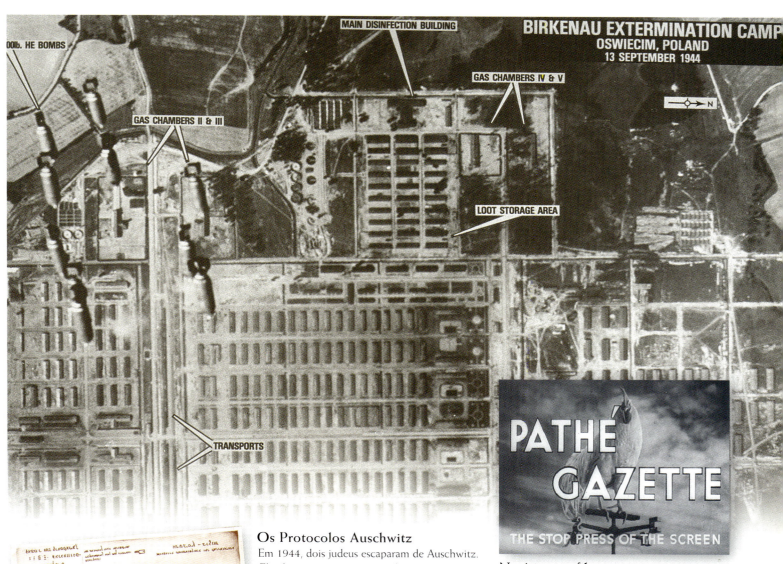

Os Protocolos Auschwitz
Em 1944, dois judeus escaparam de Auschwitz. Eles fizeram uma estimativa do número de pessoas já mortas e alertaram sobre o plano para extermínio de outros milhares. Desenharam o mapa à esquerda, o qual, com rascunhos e descrições, foi chamado Protocolos Auschwitz. Este foi então enviado à Grã-Bretanha, aos Estados Unidos e ao Vaticano. Em setembro de 1944, os aliados tiraram uma foto aérea de Auschwitz-Birkenau (acima), mostrando que ele poderia ser bombardeado por ar, mas isso nunca aconteceu.

Notícias em filme
Na maior parte do mundo, a perseguição e o extermínio das vítimas dos nazistas ocupava pouca atenção dos noticiários. Nos anos de 1940, cinemas mostravam filmes de longa e curta metragem. Cinejornais, como o britânico *Pathé Gazette*, falavam principalmente sobre a guerra e não sobre o Holocausto. Perto do final da guerra, houve algumas referências às deportações, aos guetos e mesmo aos campos.

Resistência e resgate
"Não vamos ser mortos como ovelhas no abatedouro!", escreveu Abba Kovner, um influente líder da resistência, em janeiro de 1942. Ele conclamava os judeus a lutar por sua dignidade em vez de viver sob o signo do medo. Essa ideia está expressa na pintura de Arthur Szyk chamada *Moisés Moderno*, em que o antigo líder judeu é retratado inspirando e dirigindo os guerrilheiros da resistência.

O espírito dos *partisans*
A música iídiche *Zog nicht keymol*, que significa "Nunca diga que você está trilhando seu último caminho", foi composta por Hirsh Glik no gueto de Vilna, na Lituânia. As palavras dele expressam o espírito de desafio dos *partisans* e se tornou a canção predileta entoada nas marchas. Gradualmente, a canção se espalhou para além da Europa Oriental e se tornou conhecida como a *Música dos Partisans*.

FUGA PARA AS FLORESTAS

Muitos judeus fugiram para as florestas da Europa Oriental para evitar a deportação, e alguns se uniram a grupos guerrilheiros, os *partisans* – civis que resistiam ao avanço do nazismo. Mas algumas agremiações de guerrilheiros não aceitavam judeus como membros, então eles passaram a formar seus próprios grupos. As florestas eram locais seguros para os judeus porque soldados alemães evitavam essas áreas, temendo ser atacados, e tendiam a permanecer em vilas e nas cercanias de estradas.

Sabotagem praticada pelos *partisans*
Entre 30.000 e 40.000 guerrilheiros judeus operaram em vários países. Se pegos, os nazistas os torturavam antes de matá-los. A maioria dos *partisans* judeus andava desarmada e não tinha experiência militar, mas era de grande valor para os Aliados. Estes *partisans* estão plantando explosivos em um trilho de trens por onde deverá passar um trem nazista.

Dez por cento dos partisans judeus eram mulheres e jovens garotas.

O papel das mulheres e das adolescentes
As mulheres desempenharam um papel vital nas atividades *partisans*. Elas eram responsáveis pelas refeições e pela assistência a doentes e feridos. Elas também desempenhavam funções como espiãs, vigilantes, contrabandistas e mensageiras. Várias mulheres, como Rachel Rudnitzki-Yuker, na Lituânia, armaram-se e lutaram ativamente contra os nazistas. Em muita missões, as mulheres distraíam os nazistas enquanto os homens engajavam-se em atividades de sabotagem.

Acampamentos familiares
Os *partisans* eram recrutados entre jovens, ao passo que os muito jovens, os idosos e pessoas sem o vigor físico necessário à função não podiam se juntar. Mas essas pessoas necessitavam de proteção, por isso os combatentes judeus fundaram acampamentos familiares nas florestas. As famílias viviam em abrigos subterrâneos ou em choupanas como esta, sempre escondidos sob a vegetação rasteira. Cada acampamento chegava a abrigar até 600 pessoas entre mulheres, crianças e idosos.

Jerusalém na floresta
Quatro irmãos da Bielorrússia – os irmãos Biekski – acreditavam que era mais importante salvar a vida dos judeus do que matar nazistas. Eles formaram um grupo *partisan* judeu (acima) e abrigaram famílias em seu campo, conhecido como "Jerusalém na floresta". O campo recebeu 1.200 pessoas, o maior resgate de judeus executado por judeus.

A vida como combatente
Permanecer vivo era um desafio para os *partisans*, especialmente no inverno. O tifo, uma doença infecciosa e geralmente fatal transmitida por piolhos, representava outro risco. Este garoto é integrante de um grupo nômade, provavelmente para escapar de algum perigo.

AGARRANDO-SE À VIDA — CAPÍTULO CINCO

135

CAPÍTULO CINCO
AGARRANDO-SE À VIDA

ENGANANDO A MORTE

O OBJETIVO FUNDAMENTAL DOS NAZISTAS era matar, e o objetivo básico das vítimas era permanecer vivas. Nessa batalha, as vítimas tinham que se agarrar à esperança e imaginar modos de enganar a morte. Muitos encontravam uma força interior que surpreendia até a eles mesmos. Cada dia trazia enormes riscos e a punição – especialmente em campos de extermínio – frequentemente significava a morte. Ainda assim, muitos sobreviventes falam de internos que demonstravam extrema valentia – mesmo conhecendo os perigos.

Roubo e sabotagem
Os prisioneiros roubavam comida sempre que possível. Em *A Comida dos Mortos para os Vivos*, o sobrevivente David Olère retrata a si mesmo juntando comida para jogar ao campo das mulheres. Outro sobrevivente comenta ter recebido um pouco de geleia. Mas em vez de comer, ele colocou a comida no tanque de combustível de um veículo nazista, na esperança de que isso danificasse o motor.

Reafirmando a vida

Com morte por todos os lados, os internos demonstravam seu amor à vida de muitas formas. A despeito da ausência de recursos, algumas pessoas pintavam flores nas paredes dos crematórios. Este mural é do alojamento das crianças em Birkenau. Em certa ocasião, quando não havia água, um homem simbolicamente fingiu "lavar-se" com suas mãos dizendo que pessoas dignas deviam respeitar a si mesmas.

Escolhendo como morrer

À mercê dos guardas, a maioria dos internos logo percebeu que provavelmente seria morta. Ainda assim, alguns, sabendo que não teriam como fugir da morte, preferiam no mínimo negar aos captores a satisfação do assassinato. Muitos lançavam-se contra as cercas elétricas de Dachau, retirando dos nazistas o poder sobre suas vidas.

Aproximadamente 50 prisioneiros que escaparam de Sobibor, em 14 de outubro de 1943, sobreviveram à guerra.

Fuga de Sobibor

Em 1943, 800 internos de Sobibor fizeram uma ambiciosa tentativa de fuga. Eles secretamente produziram armas, as quais usaram para esfaquear ou para golpear a machadadas muitos guardas, tomar-lhes suas armas de fogo e assim disparar contra as demais forças que impediam sua passagem. A maioria dos internos foi morta durante a fuga ou recapturada posteriormente, mas 70 dos que poderiam ter morrido em câmaras de gás sobreviveram – alguns deles são mostrados aqui, em uma foto de 1944. A tentativa de fuga significou uma vitória psicológica e o campo foi fechado pouco tempo após o incidente.

"SEJAM FORTES E CORAJOSAS!"

Em Auschwitz-Birkenau, em 1944, um grupo de mulheres que trabalhava com munições começou a juntar pequenas quantidades de pólvora enquanto os homens guardavam latas de graxa para sapatos. Com esses materiais, eles produziram "granadas" para explodir este crematório e matar os guardas. Os sabotadores também morreram na explosão, mas conseguiram alcançar algo que os Aliados sequer haviam tentado. A líder das mulheres, Rosa Robota, e três outras foram torturadas, mas nunca traíram seus camaradas. Enquanto elas eram enforcadas às vistas das demais mulheres, Rosa gritava "Sejam fortes e corajosas!".

CAPÍTULO SEIS
O FIM DA GUERRA

Durante os últimos meses do Holocausto, as condições nos campos se deterioraram e os nazistas trataram suas vítimas ainda mais brutalmente. O Holocausto terminou oficialmente em 1945, quando os Aliados libertaram os campos de concentração, mas mesmo depois que a guerra já havia terminado, os problemas de saúde e de higiene persistiam. Houve também dúvidas a respeito de para onde os sobreviventes deveriam ir, como poderiam ser reunidos os sobreviventes de uma mesma família e como eles reconstruiriam suas vidas.

Libertação de Auschwitz
Estas crianças estiveram no campo de Auschwitz, na Polônia, quando este foi liberado pelas forças soviéticas em 27 de janeiro de 1945. Vestidos em uniformes de adultos, eles foram levados de seus barracões por soldados e por trabalhadores humanitários.

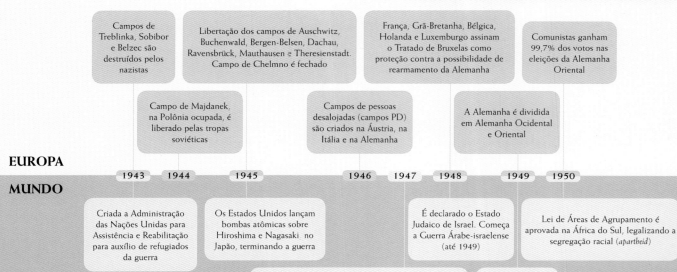

EUROPA

- 1943 — Campos de Treblinka, Sobibor e Belzec são destruídos pelos nazistas
- 1944 — Campo de Majdanek, na Polônia ocupada, é liberado pelas tropas soviéticas
- 1945 — Libertação dos campos de Auschwitz, Buchenwald, Bergen-Belsen, Dachau, Ravensbrück, Mauthausen e Theresienstadt. Campo de Chelmno é fechado
- 1946 — Campos de pessoas desalojadas (campos PD) são criados na Áustria, na Itália e na Alemanha
- 1948 — França, Grã-Bretanha, Bélgica, Holanda e Luxemburgo assinam o Tratado de Bruxelas como proteção contra a possibilidade de rearmamento da Alemanha
- 1949 — A Alemanha é dividida em Alemanha Ocidental e Oriental
- 1950 — Comunistas ganham 99,7% dos votos nas eleições da Alemanha Oriental

MUNDO

- 1943 — Criada a Administração das Nações Unidas para Assistência e Reabilitação para auxílio de refugiados da guerra
- 1945 — Os Estados Unidos lançam bombas atômicas sobre Hiroshima e Nagasaki, no Japão, terminando a guerra
- 1947 — O *Exodus* – um navio que leva refugiados judeus para a Palestina – é mandado de volta. A Organização das Nações Unidas vota pela divisão da Palestina em estado judeu e estado árabe
- 1948 — É declarado o Estado Judaico de Israel. Começa a Guerra Árabe-israelense (até 1949)
- 1949 — A União Soviética testa sua primeira bomba atômica
- 1950 — Lei de Áreas de Agrupamento é aprovada na África do Sul, legalizando a segregação racial (*apartheid*)

		Tropas soviéticas retiram-se da Áustria. Pacto de Varsóvia é firmado entre estados comunistas da Europa Oriental e a União Soviética			
É publicado O *Diário de Anne Frank*	Ratificada a Convenção Europeia de Direitos Humanos. Fim do racionamento de alimentos na Grã-Bretanha			É fechado o último campo para pessoas desalojadas, em Föhrenwald, Alemanha	
1952	**1953**	**1954**	**1955**	**1956**	**1957**
Os Estados Unidos detonam a primeira bomba de hidrogênio no atol de Enewetak, no Pacífico		É banida a segregação racial em escolas americanas		Leis de segregação nos ônibus em Alabama são declaradas ilegais pela Suprema Corte dos Estados Unidos	
Criado em Jerusalém, Israel, o Yad Vashem, Memorial do Holocausto e Centro Educacional. A União Soviética detona sua bomba de hidrogênio		Boicote aos ônibus no Alabama, em protesto à prisão de Rosa Parks, que se recusou a ceder seu assento a um homem branco		Nos Estados Unidos, Martin Luther King Jr. lidera movimento de resistência nacional à segregação e discriminação racial	

MARCHAS DA MORTE

QUANDO OS NAZISTAS PERCEBIAM que as forças inimigas estavam alcançando um campo, eles rapidamente deslocavam os prisioneiros para outro campo. Eles queriam esconder as evidências daquilo que haviam feito e também prover trabalho escravo na Alemanha. Os internos iam principalmente a pé e, como muitos morriam ou eram assassinados no caminho, essas marchas vieram a ser conhecidas como marchas da morte.

Campo abandonado
O primeiro campo a ser liberado pelos Aliados foi Wajdanek, na Polônia, do qual as tropas soviéticas se aproximaram em julho de 1944. Os nazistas começaram a evacuar 15.000 prisioneiros em março, e os últimos 1.000 partiram na véspera da liberação pelos Aliados. Milhares de calçados de internos foram achados lá.

Os que ficaram para trás
Os prisioneiros que os nazistas achavam ser inaptos para o trabalho escravo na Alemanha não eram levados nas marchas. Estes soviéticos de muletas e bengalas foram deixados para trás em Majdanek porque eram incapazes de se juntarem à marcha da morte. No total, cerca de 1.500 internos foram deixados no campo.

A marcha mais longa
A maior marcha da morte foi a que partiu de Auschwitz. Ela começou em 18 de janeiro de 1945, nove dias antes de os soviéticos libertarem o campo. Cerca de 66.000 internos foram obrigados a caminhar 56 km e então postos em trens. Um em cada quatro morreu de fome ou por exaustão, ou foi morto arbitrariamente. O sobrevivente Jan Hartman foi um dos internos na marcha da morte de Auschwitz até Bielsko. Sua pintura (acima) mostra a brutalidade da marcha.

O número de mortes
Este mapa mostra o alto número de mortes em apenas um dia de marchas partindo de Auschwitz, Monowitz e Birkenau e ainda de subcampos em Neu Dachs, Janinagrube e Jawischowitz. Os números totais de prisioneiros que partiram nas marchas estão dentro dos retângulos. Os números ao longo do caminho mostram quantos e onde morreram.

Trens da morte
Algumas viagens começaram a pé, continuaram por trens e terminaram a pé. Prisioneiros eram amontoados em vagões abertos geralmente utilizados para transporte de gado e carga. Isso os fazia lembrar do transporte que os levara aos campos e piorava o sofrimento. Quando este trem chegou a Dachau, tendo partido de Buchenwald, já continha cerca de 3.000 cadáveres.

Caminhando para viver
O inverno de 1944 foi cruelmente gelado e as pessoas nas marchas da morte estavam fracas e famintas. O único modo de sobreviver era continuar caminhando a despeito das queimaduras produzidas pelo frio e os pés tomados por feridas. Muitas pessoas salvaram outras ao carregá-las durante a caminhada.

Estima-se que 100.000 judeus morreram nas marchas da morte.

Penetrando em território alemão
Cerca de 250.000 prisioneiros marcharam de um campo na Alemanha para outro através de áreas urbanas e rurais. Esta fotografia à esquerda, de uma marcha da morte, foi tirada da janela de uma casa alemã. Sobreviventes dizem que ninguém lhes ofereceu alimento ou ajuda de nenhum tipo ao longo do percurso.

Abandonados à morte
Pouquíssimas pessoas escaparam às marchas da morte. Qualquer um que ficasse para trás era fuzilado ou espancado, enquanto outros morriam de exaustão. Corpos eram deixados para trás, como mostra a imagem à direita. Depois que os campos foram libertados, os Aliados fizeram com que moradores locais enterrassem os mortos por questão de saúde pública.

VOZES SUPORTANDO AS MARCHAS DA MORTE

Centenas de pessoas morreram durante as marchas da morte – marchas forçadas saindo dos campos que cobriam distâncias imensas, invariavelmente sem comida nem água. Ninguém podia parar para descansar. Se parassem, os nazistas os fuzilavam na hora.

"Àquela altura eu estava acostumado à crueldade. Eu vi e ouvi coisas acontecendo em Auschwitz e em Birkenau. Mas o que vi naquela marcha – nunca, nunca vou esquecer. Estava um breu de tão escuro e nós marchávamos. Os homens da SS estavam próximos e observando. Estávamos todos com medo porque no momento em que você pisava fora da linha, instantaneamente levava uma bala na cabeça, e caía onde quer que estivesse. Eu vi centenas de pessoas serem mortas a tiros – não só judeus. Havia poloneses, pessoas de todas as nacionalidades, implorando, suplicando por suas vidas. Mas não havia absolutamente nenhuma clemência. Você marchava ou morria."

"Depois de marchar durante quase toda a noite, eu estava preparado para me separar a qualquer instante; eu já havia suportado o suficiente; não aguentava mais. Naquele momento, uma rajada de vento levou meu boné e naquele frio extremo minha cabeça raspada ficou totalmente descoberta. Pensei que eu estava para sucumbir dali a instantes e assim iria, enfim, acabar com aquela desgraça. Enquanto eu pensava nisso, a pessoa que marchava próxima a mim continuou falando comigo, encorajando-me, rogando para que eu não desistisse: 'Nós vamos sobreviver. Não podemos deixá-los impunes'. Eu reclamava que estava com frio. Então ele viu um cadáver perto com um boné, pulou para fora da fila, agarrou o boné e me deu. Ele arriscou sua vida por mim, porque poderia facilmente ter sido baleado, apenas para se assegurar de que eu tivesse um boné. Lembro que marchei, dormi marchando e quando de repente abri meus olhos, já era dia. Olhei em volta para ver se o encontrava mas o homem havia sumido e então eu estava novamente sozinho e seguindo como um robô."

Mayer Schondorf
(Nascido na Tchecoslováquia, em 1928)
Em 1945, Mayer foi conduzido em uma marcha da morte para o campo Gross Rosen, partindo de Auschwitz-Birkenau.

"ENTÃO NOS CONDUZIRAM a esta marcha, que era realmente uma marcha da morte. Eles deliberadamente atiravam em nós pela frente, por trás, de todas as direções para assim ter menos pessoas e qualquer um que ficasse um pouco que fosse para trás, que não pudesse andar tão rápido, era simplesmente morto por eles e deixado para trás, na sarjeta. Eu não sabia o quanto tínhamos andado, mas depois descobri que percorremos cerca de 30 quilômetros ou 30 milhas, não tenho certeza; de Gusen para Gunskirchen... Pode imaginar... Estávamos mortos de cansaço por andar milhas e milhas e milhas, dormir sempre ao relento... E os disparos duravam a noite inteira. Disparavam contra nós sem cessar... E pela manhã, quando eles disseram, 'Eintreten!' ['Levantem!'] eu empurrei meu amigo que ia próximo, que eu conhecia, que marchava junto a mim, para se levantar – e ele estava morto, ele tinha sido baleado."

"NÓS PASSAMOS POR vilas. Nós implorávamos às pessoas por um pedaço de comida ou por água – eles nos viam marchando e devem ter imaginado que o fim estava próximo, e mesmo assim ninguém levantou um dedo, ninguém – isso é algo de que você não esquece."

"SE UMA PESSOA não pudesse mais andar, ou se simplesmente tropeçasse, eles matavam-na e a deixavam lá, caída, mas você continuava caminhando porque não ousava parar para descobrir se a pessoa estava morta ou não. Continuávamos a andar e se fosse preciso ir ao banheiro, bom, infelizmente, por mais primitivo e horrível que pareça, você simplesmente fazia nas suas calças e continuava a andar. Então minha mãe, minha irmã e eu andávamos. Uma de nós ficava no meio e as outras duas seguravam a que estivesse no meio sob os ombros, então era meio que carregada pelas outras duas e assim você podia fechar os olhos e meio que cochilar. Nós três fazíamos rodízio, mas acredito que eu fui a que mais se beneficiou dessa proteção porque eu quase não podia ficar acordada. Recebemos abrigo à noite em um estábulo, assombrosamente cheio de feno. Finalmente pudemos deitar – não importava onde e como – e dormir."

Peter Hersch
(Nascido na Tchecoslováquia, em 1930)
Em 1945, Peter foi posto em marcha para o campo de concentração de Gunskirchen.

Vera Eden
(Nascida na Tchecoslováquia, em 1930)
Vera se lembra como sua mãe e sua irmã ajudaram-na a continuar marchando em direção a Gross Rosen.

CAPÍTULO SEIS
O FIM DA GUERRA

LIBERTAÇÃO DOS CAMPOS

As tropas aliadas entraram na Europa Ocidental pela Itália em 1943 e pela França em 1944, e marcharam em direção à Alemanha. As tropas soviéticas assumiram controle do leste da Polônia em 1944. Os campos ainda estavam em funcionamento quando as tropas chegaram a eles, mas no momento em que os alemães se renderam, os Aliados já haviam libertado quase todos os campos do controle nazista.

A chegada dos Aliados

Alguns prisioneiros sabiam quando os Aliados estavam para chegar e acenavam para as tropas que se aproximavam de paraquedas ou por terra. Antes que pudessem assumir o controle de um campo, as tropas tinham que vencer os guardas. Alguns internos abraçavam seus libertadores, mas a alegria e o alívio da libertação eram nublados pela morte e pela devastação.

CRONOGRAMA DA LIBERTAÇÃO

CAMPO	EXÉRCITO	DATA
Madjdanek	soviético	23 de julho, 1944
Auschwitz	soviético	27 de janeiro, 1945
Buchenwald	norte-americano	11 de abril, 1945
Bergen-Belsen	britânico	15 de abril, 1945
Dachau	norte-americano	29 de abril, 1945
Ravensbrück	soviético	29 de abril, 1945
Mauthausen	norte-americano	5 de maio, 1945
Theresienstadt	soviético	8 de maio, 1945

Treblinka, Sobibor e Belzec não foram libertados – os nazistas destruíram esses campos de extermínio em 1943. Chelmno foi finalmente fechado em 17 de janeiro de 1945.

Datas de libertação

A tabela acima traz as datas de quando os maiores campos foram libertados pelos Aliados, com a nacionalidade das tropas que os libertaram.

O FIM DA GUERRA
CAPÍTULO SEIS

Doentes demais para sobreviver
Prisioneiros em todos os campos estavam fracos e desanimados. Como muitos outros sobreviventes, este homem sentado sozinho em Bergen-Belsen estava doente demais para conseguir se mover e provavelmente nem sabia que o campo havia sido libertado. Depois da libertação, muitas pessoas morreram de doenças que contraíram nos campos.

Os prisioneiros libertados eram de 29 nacionalidades.

Registro de uma testemunha ocular
O soldado Zinovi Tolkatchev estava com as forças soviéticas que libertaram Auschwitz e desenhou os horrores que viu por lá. Alguns de seus desenhos, tais como este, intitulado *Uma Mãe e seu Bebê*, foram feitos em papel timbrado do Terceiro Reich que ele encontrou nos escritórios dos nazistas. Talvez sua arte quisesse dar a impressão de ser um registro oficial dos crimes cometidos pelos nazistas.

Libertadores em choque
As forças de libertação não tinham ideia da extensão dos crimes do nazismo e do número de vítimas. Mesmo soldados acostumados à guerra nunca tinham visto tamanha devastação e eram dominados por lágrimas. Agachado ao lado de uma enorme sepultura, este soldado canadense está tomado por choque e descrença.

Crianças em Auschwitz
Dos 7.000 internos soltos de Auschwitz, 180 eram crianças que haviam sido usadas pelos nazistas como cobaias para experimentos médicos. Algumas, como estas, sobreviveram aos campos, mas a maioria estava órfã e muitas já não tinham irmãos vivos.

"Lá, nossas tropas encontraram visões, sons e odores horríveis além do que é possível crer, crueldades tão enormes que chegam a ser incompreensíveis para a mente normal."

Coronel William W. Quinn, 7º Exército, falando da libertação de Dachau.

O cabo norte-americano Larry Mutinsk, em abril de 1945, distribui cigarros para internos que se debruçam sobre a cerca do campo de concentração de Dachau, recentemente libertado.

CAPÍTULO SEIS
O FIM DA GUERRA

VOZES
EXÉRCITOS DE LIBERTAÇÃO

Muitos dos soldados das forças de libertação, fossem eles soviéticos, britânicos ou norte-americanos, ficaram profundamente chocados com o que encontraram nos campos de concentração, e o horror permaneceu com eles. Estes soldados descrevem sua reação às terríveis visões com que se depararam durante a libertação dos campos.

"Eu nunca me senti capaz de descrever minhas emoções de quando pela primeira vez me deparei com uma evidência incontestável da brutalidade e cruel desconsideração a sequer um pingo de decência dos nazistas... Eu visitei cada recanto e cada greta do campo porque senti ser essa minha missão, estar em posição de dali por diante testemunhar em primeira mão a respeito dessas coisas para o caso de surgirem em casa a crença ou presunção de que as histórias da brutalidade do nazismo são apenas propaganda."

General Dwight D. Eisenhower
Comandante supremo das Forças Aliadas na Europa. Eisenhower escreveu esta carta para o seu chefe de Estado-maior, George Marshall, em abril de 1945, depois de sua inspeção a Buchenwald, na Alemanha.

"Chegamos naquele lugar chamado Weimar e partimos em direção ao que agora eu sei ter sido um campo de concentração. E eu não sabia nada sobre campos de concentração, então quando o oficial nos disse para que o seguíssemos e subíssemos no caminhão, eu perguntei: 'Aonde estamos indo?'. E ele respondeu: 'Estamos indo para um campo de concentração'. E fiquei confuso porque não sabia nada sobre aquilo, ninguém jamais havia mencionado aquilo no treinamento que recebi, mas nesse dia de abril de 1945 eu estava para ter o choque da minha vida. Porque eu estava para cruzar os portões de um campo de concentração chamado Buchenwald... Eu nunca poderia esquecer aquele dia porque assim que passei pelo portão vi à frente o que eu poderia chamar de mortos-vivos. Vi seres humanos que haviam sido espancados, esfomeados, torturados, tudo lhes havia sido negado – tudo o que pode tornar a vida de alguém tolerável. Eles estavam de pé em frente a mim e eram só pele e ossos. Eles tinham rostos esqueléticos e olhos fundos. Suas cabeças haviam sido totalmente raspadas e eles estavam de pé, apoiando-se uns aos outros para evitar que caíssem..."

Leon Bass
Americano, Leon testemunhou a libertação de Buchenwald em abril de 1945 como jovem soldado do exército dos Estados Unidos.

O FIM DA GUERRA
CAPÍTULO SEIS

"Havia uma bruma suja e um cheiro acre sobre o campo e uma fumaça que subia até essa neblina, que flutuava sobre a área do campo. Havia arames farpados e pilhas de coisas na lateral enquanto avançávamos, creio, sobre calçados e malas e coisas do tipo. Havia todos aqueles esqueletos, alguns andavam e alguns rastejavam sobre suas mãos e joelhos. Muitos eram apenas como pilhas daquelas túnicas com listras cinzas estendidas no chão. Havia muitos pendurados nas cercas de arame farpado, havia outros por todo o pátio, que agora era apenas terra – não havia sequer uma folha de grama, em lugar nenhum. O cheiro de putrefação, urina e fezes estava em absolutamente todo lugar. E mais à frente, perto da área do hospital, havia simplesmente pilhas e pilhas de cadáveres nus do lado de fora do hospital."

"Nós vimos pilhas altas de cadáveres – centenas de corpos, congelados, dispostos um sobre o outro. Os alojamentos estavam cheios de corpos, e alguns esqueletos emaciados mas vivos começaram a sair como sombras, caminhando em nossa direção quando viram nossos uniformes soviéticos. Um homem me disse que ele era de um lugar perto de Varsóvia. Ele havia estado num gueto e fora trazido para ser exterminado. Faziam com que trabalhassem até a exaustão e quando não tinham mais utilidade – era isso. Disparavam contra eles; enforcavam-nos; asfixiavam-nos. Os fornos funcionavam dia e noite. Simplesmente não tinham tempo suficiente para incinerar os corpos que estavam lá empilhados."

"Assim que entramos no campo, os esqueletos vivos ainda capazes de caminhar amontoaram-se ao nosso redor e, embora quiséssemos nos dirigir mais para dentro daquele local, aquela multidão nos espremendo e pressionando não nos permitia. Não é um exagero dizer que quase todos os internos estavam loucos de fome. A simples visão de um norte-americano trouxe saudações, gemidos e gritos. As pessoas nos rodeavam para tocar em um americano, para tocar no jipe, para beijar nossos braços – talvez apenas para ter certeza que aquilo era verdade. As pessoas que não podiam caminhar rastejavam em direção ao nosso jipe. Aqueles que não podiam nem rastejar apoiavam-se nos ombros de outra pessoa e, de alguma forma, entre todo seu sofrimento e sua dor, revelavam pelo olhar sua gratidão, a alegria que eles sentiam pela chegada dos norte-americanos."

Jacob Sandbrand
Jacob alistou-se no exército soviético em 1941. Como sargento, envolveu-se na libertação de vários campos. Durante a guerra, ele escondeu sua identidade judaica.

Capitão J.D. Pletcher
O capitão Pletcher estava na 7ª Divisão do Exército dos Estados Unidos em Gunskirchen, em 1945.

William Williams
William foi um dos libertadores de Belsen em abril de 1945. Ele esteve lá por duas semanas com o exército britânico e foi responsável por organizar um sistema de alimentação.

CAPÍTULO SEIS
O FIM DA GUERRA

ADMINISTRAÇÃO DA CRISE

O MUNDO NUNCA HAVIA se defrontado com uma crise tão complexa e de tão larga escala como o Holocausto. Os Aliados tiveram que lidar com a tragédia enquanto ainda combatiam na guerra. Capelães militares e agências de assistência desempenharam um papel importante nas tarefas imediatas de resgate aos sobreviventes e controle do avanço de doenças. Os libertadores também coletaram evidências para serem usadas em julgamentos de criminosos de guerra nazistas.

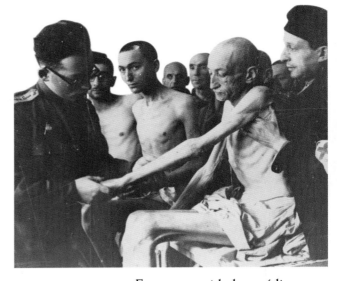

Exames e cuidados médicos
Doenças eram comuns em todos os campos, e os que conseguiram sobreviver encontravam-se fracos pela falta de alimentação. Alguns internos também estavam feridos. Médicos e enfermeiras visitaram os campos para conduzir avaliações médicas e determinar os tratamentos necessários. Este médico soviético está examinando sobreviventes em Auschwitz.

Ajudando os famintos
Programas de alimentação eram uma prioridade. Alguns sobreviventes não tinham forças suficientes para comer e enfermeiras tinham que lhes dar comida na boca. No início, soldados distribuíram chocolates e carne enlatada, sem saber que a forte comida seria um choque para o sistema digestivo dos internos e que a superalimentação pode matar desnutridos.

Enterrando os mortos
Cadáveres estavam espalhados pelos campos e os libertadores enterraram-nos às pressas para evitar doenças e angústia. Usando as mesmas ferramentas de que se valeram os nazistas – pás, carrinhos de mão e escavadeiras – eles enterraram as vítimas em enormes covas coletivas, como esta em Bergen-Belsen.

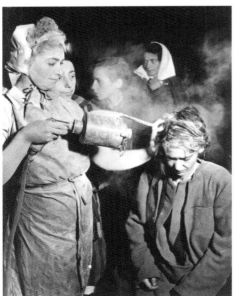

Doenças e desinfecção
Os campos eram cheios de roedores e infestados de insetos. Muitos sobreviventes estavam abarrotados de piolhos e sofriam de tifo ou outras infecções bacterianas. Estas mulheres em Bergen-Belsen estão recebendo *sprays* com desinfetantes para interromper o alastramento de doenças. A retirada de piolhos também era uma prioridade.

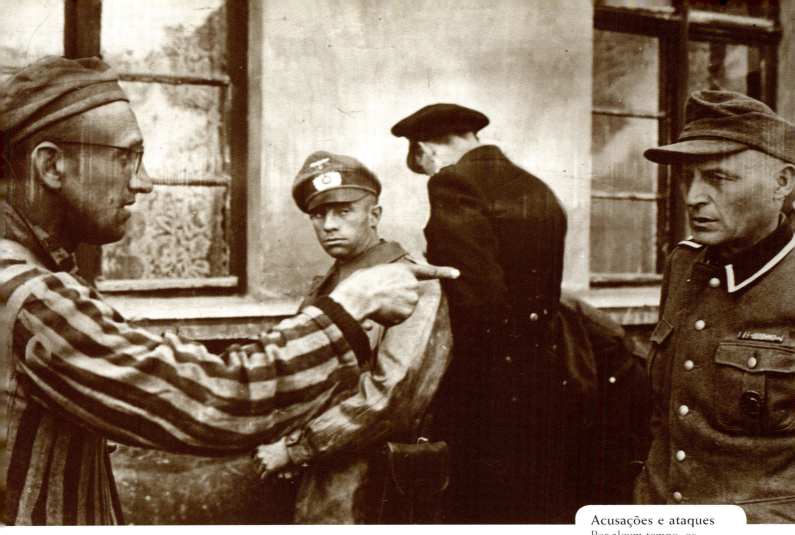

Acusações e ataques
Por algum tempo, os libertadores mantiveram guardas nazistas como prisioneiros nos mesmos campos, e as vítimas deles achavam isso extremamente difícil. Alguns insultavam seus torturadores ou os atacavam. Este sobrevivente em Buchenwald está identificando um guarda que agredia brutalmente os prisioneiros. Os dois estão vestindo os mesmos uniformes que usavam antes da libertação.

Forçando os alemães a ver
Os Aliados queriam confrontar a população alemã com as evidências dos crimes nazistas de modo que nunca ela pudesse vir a dizer que não sabia. Esta mulher alemã está horrorizada com a visão e o cheiro das pessoas mortas pela SS perto de Namering, Alemanha. Libertadores americanos faziam passeios com os moradores locais pelos campos para que vissem as evidências com seus próprios olhos.

Forçando os alemães a trabalhar
Os Aliados forçaram todos os nazistas remanescentes no campo a trabalhar. Isso serviu a um fim prático, pois trabalhos urgentes eram finalizados com mais rapidez e os nazistas eram punidos no processo. Aqui, soldados britânicos em Bergen-Belsen ordenaram que mulheres locais enterrassem judeus mortos. Civis alemães também foram forçados a cavar covas e enterrar cadáveres.

CAPÍTULO SEIS
O FIM DA GUERRA

CAMPOS PARA PESSOAS DESALOJADAS

Quando os aliados assumiram o controle da Alemanha e dos territórios previamente dominados pelos nazistas, eles dividiram a região em Zonas de Ocupação e as administraram por muitos anos. Com a guerra terminada, os sobreviventes do Holocausto se viram muito longe de seus locais de origem, por isso os Aliados montaram campos especiais para pessoas desalojadas (campos PD). Muitos desses campos ficavam em locais onde antes funcionavam campos de concentração, de modo que os sobreviventes sentiam-se libertados, mas não verdadeiramente livres.

Zonas de ocupação
Estima-se que, no auge, houve entre 1,5 e 2 milhões de pessoas desalojadas nas Zonas de Ocupação, com o maior número na zona americana. Houve campos PD na Alemanha, na Áustria e na Itália. Este mapa mostra as Zonas de Ocupação e os maiores campos PD.

Sobreviventes restantes
A expressão "sobreviventes restantes" vem da Bíblia Judaica. É a crença de que depois da tragédia, algo permanece e floresce. Zinovi Tolkatchev estava dentre as tropas soviéticas que libertaram Auschwitz. Aqui, em uma paisagem desoladora, ele imagina um xale judeu de oração que sobreviveu à destruição. Os sobreviventes chamavam a si mesmos e às suas novas comunidades de "sobreviventes restantes".

Zonas de ocupação
- Britânica
- Francesa
- Italiana
- Soviética
- Norte-americana
- Internacional

152

Hostilidade em casa

Muitos sobreviventes que retornaram a suas cidades de origem tiveram de enfrentar provocações e ameaças de residentes não judeus. Houve até mesmo explosões de violência antissemita. Esta fotografia foi tirada no funeral de 42 sobreviventes do Holocausto massacrados em Kielce, na Polônia. A insegurança e o medo fizeram muitos sobreviventes migrar para o oeste, onde outros sobreviventes haviam se fixado e as pessoas talvez fossem mais receptivas.

ANUAR

A Administração das Nações Unidas para Assistência e Reabilitação (ANUAR) foi criada em 1943 para ajudar refugiados de guerra. Na foto à esquerda, na Tchecoslováquia, um membro da ANUAR calça os sapatos em órfãos judeus que estão a caminho das Zonas de Ocupação. Quase metade do financiamento das atividades da ANUAR vinha dos Estados Unidos e foi gasta no reassentamento de pessoas nos campos PD.

Fuga

Brihah ("fuga" em hebraico) foi uma organização criada para ajudar os judeus a fugirem da Europa Oriental para a Ocidental e dali para a Palestina por meio de viagens secretas em navios. Estes jovens sobreviventes escondem-se em um vagão de trem. Financiada pela "Coligação" nos Estados Unidos, a *Brihah* era conduzida por sobreviventes do Holocausto na Europa e por judeus na Palestina. Em 1946, uma rede de pontos de paradas foi criada ao longo da Zona Americana.

Esperança por uma terra nova

Sobreviventes judeus queriam um lugar seguro para viver livremente. Os EUA eram uma opção, mas os controles de imigração eram rígidos. Eles sonhavam com uma nova vida na Palestina, mas poucos foram aceitos. A despeito disso, judeus como esta mulher, na Alemanha, aprenderam habilidades para a construção de uma nação.

TENTANDO RECONSTRUIR A VIDA

Para os sobreviventes do holocausto, o alívio e a alegria de estarem vivos misturavam-se com sentimentos de tristeza pelos que morreram e de raiva dos nazistas pelo sofrimento que estes causaram. Embora os sobreviventes estivessem física e mentalmente traumatizados por suas experiências, a maioria estava determinada a construir uma nova vida.

Precipitação de casamentos
Nos meses após a libertação, houve milhares de casamentos, com aproximadamente 20 por dia em Bergen-Belsen, o maior campo PD. Um casamento era um evento importante para a comunidade de um desses campos. Este casal de judeus está casando sob a *chuppah*, um tipo tradicional de toldo.

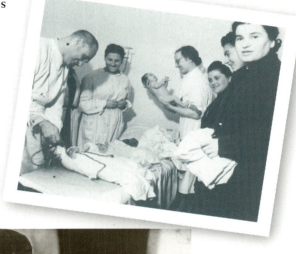

Taxa de natalidade em ascensão
Bebês eram um sinal de esperança pelo renascimento do povo hebreu. Em fins de 1946, os campos judaicos PD tinham as taxas de nascimento mais altas de qualquer comunidade judaica no mundo. Cerca de um terço das judias com idade entre 18 e 45 anos estavam grávidas ou já tinham dado à luz. Como resultado, clínicas pediátricas eram locais sempre cheios.

De volta à escola
As crianças nos campos de concentração tiveram o processo de educação interrompido ou sequer haviam começado a vida escolar. Imediatamente após o Holocausto, elas tiveram que compensar o tempo perdido. Estas crianças judias estão estudando textos religiosos tradicionais em um campo PD. Elas também estudavam matemática e línguas.

Desenvolvendo habilidades
Para adultos e crianças, a preparação para uma nova vida significava ganhar ou reaprender habilidades. Em alguns campos PD, a Organização para Reabilitação e Treinamento (ORT) criou programas como esta oficina de costura em Landsberg, na Alemanha. Além de auxiliar pessoas em suas carreiras, esses cursos ajudaram na reconstrução da autoestima.

Vida cultural
Atividades culturais e sociais, como eventos teatrais e musicais, eram organizados para ajudar os sobreviventes do Holocausto a reconstruírem suas vidas. Para a saúde e o lazer, havia atividades esportivas e jogos, bem como eventos lúdicos como a distribuição de sorvetes vista aqui, no campo PD em Föhrenwald, na Alemanha.

Procurando pela família
O Holocausto separou muitas famílias. Havia incerteza a respeito de quem havia sobrevivido e onde as pessoas poderiam estar. A Organização das Nações Unidas e organizações judaicas coletavam testemunhos das vítimas e informações sobre a localização de sobreviventes. Estes judeus na China estão lendo listas de outros sobreviventes em busca de seus entes queridos.

Vida religiosa
Os rabinos, tanto entre os sobreviventes quanto em agências de socorro aos judeus, exerceram um importante papel na orientação religiosa. A libertação trouxe a possibilidade de se praticar orações conjuntas e de celebrar festivais, como esta encenação para marcar o *Purim*, no campo PD de Wittenau, em Berlim. A religião era para alguns um modo de reafirmar suas identidades e expressar a dor do Holocausto.

Encontrando familiares
Alguns sobreviventes foram bem-sucedidos em reencontrar seus parentes e amigos. Organizações internacionais e judaicas promoveram reencontros emocionantes e longamente esperados. Muitos dos que não tinham mais parentes vivos ganharam famílias novas. Aqui, Diane Popowski, uma garota judia de Luxemburgo, abraça Renée Pallares, cuja família a adotou depois que a menina foi resgatada de um campo.

CAPÍTULO SEIS
O FIM DA GUERRA

OS DESTINOS DOS SOBREVIVENTES

DEMOROU MUITOS ANOS PARA QUE OS SOBREVIVENTES fossem reassentados e para que eles pudessem refazer suas vidas em países do mundo inteiro. A maioria deles partiu para a Palestina, que em 1948 tornou-se o Estado de Israel. Para sobreviventes do Holocausto e outros judeus, Israel representava a realização de seus sonhos de liberdade. Tornou-se um refúgio para judeus de todas as partes.

HIAS
A Sociedade de Apoio à Imigração Judaica (HIAS na sigla em inglês) surgiu do crescimento das organizações que ajudavam os judeus a emigrarem para os Estados Unidos a partir de 1881. Os imigrantes judeus na imagem acima foram pessoas desalojadas na Europa a quem a HIAS ajudou a se fixarem na sociedade americana, junto a muitos outros sobreviventes do Holocausto.

Sobreviventes mandados de volta
O movimento *Brihah* (Fuga) utilizava pequenos navios para fazer passar pessoas ilegalmente através das fronteiras para a Palestina. Mas, em 1947, o *Exodus* partiu do porto de Marselha, na França, em direção à Palestina, mas os britânicos mandaram-no de volta. As autoridades francesas não permitiram o desembarque e o *Exodus* foi forçado a navegar para a Alemanha, onde os sobreviventes foram direcionados a campos PD.

Campos de detenção
O destino dos passageiros do *Exodus* e outras restrições impostas pelos britânicos causaram um ultraje internacional. Em resposta, os britânicos pararam de mandar que navios retornassem e passaram a alojar os passageiros deles em campos de detenção. Estas mulheres, em um campo de detenção na ilha de Chipre, estão armando suas barracas.

Dividindo a Palestina
Sob a administração britânica, a porção oriental da Palestina tornou-se a região árabe chamada de Transjordânia. No oeste viviam judeus e árabes. Mas os árabes eram contra a imigração judaica, criando uma tensão que os britânicos não puderam resolver. Em 1947, a Organização das Nações Unidas (ONU) votou pela divisão da Palestina em uma zona árabe, uma zona judaica (ambas com três regiões) e uma zona internacional. Os árabes não aceitaram essa moção da ONU.

Plano de Partilha da ONU
- Zonas judaicas
- Zonas árabes
- Zona internacional

O Estado de Israel

Enquanto líderes árabes rejeitavam o Plano de Partilha elaborado pela ONU, líderes judeus aceitaram-no com relutância e se prepararam para a criação de um Estado judeu nas três zonas. Em 14 de maio de 1948, os britânicos partiram e os líderes judeus declararam a independência do Estado de Israel. Judeus comemoravam nas ruas ostentando bandeiras. Ao amanhecer, países vizinhos iniciaram um bombardeio sobre Israel – a Guerra Árabe-israelense havia começado.

Em 1950, mais da metade dos judeus sobreviventes do Holocausto estava vivendo em Israel.

SOBREVIVENTES	
PAÍS	NÚMERO
Estados Unidos	c. 4.800.000
Israel	608.000
Romênia	430.000
Alemanha	330.000
União Soviética Ocidental	300.000
Hungria	300.000
Polônia	225.000
Canadá	c. 200.000
França	200.000
Bulgária	50.000
Tchecoslováquia	44.000
Bélgica	40.000
Itália	35.000
França	35.000
Países Bálticos	25.000
Holanda	20.000
Grécia	12.000
Iugoslávia	12.000
Áustria	7.000
Dinamarca	5.500
Finlândia	2.000
Grã-Bretanha	1.000
Luxemburgo	1.000
Noruega	1.000
Albânia	200
Rhodes	161
Creta	7

Novos destinos

A tabela acima lista os vários destinos dos sobreviventes do Holocausto, junto ao número de judeus admitidos naquele país.

Vida nova no país

O Estado de Israel encarou uma grande missão. Esteve em guerra em seu primeiro ano de existência, absorveu centenas de milhares de judeus vindos de muitos países e dispunha de escassos recursos financeiros. A prioridade máxima era a agricultura, para que a crescente nação pudesse ser alimentada.

O último campo PD

Para alguns sobreviventes, os preparativos para seus novos lares e novas vidas levaram muitos anos para se completar. O campo de pessoas desalojadas em Föhrenwald, na Alemanha, mostrado aqui, permaneceu em operação até 1957, quando então se tornou o último desses campos a ser fechado.

CAPÍTULO SEIS
O FIM DA GUERRA

VOZES
RECOMEÇANDO A VIDA

Depois da libertação, o sofrimento continuou para muitas pessoas, algumas das quais necessitavam de cuidados médicos após sofrerem com a fome e a doença nos campos. Muitos estavam sem um lar e ansiosos para localizar entes queridos de quem haviam sido separados, sem saber sequer se eles tinham sobrevivido. Outros, ainda, desejavam deixar a Europa para sempre e milhares se fixaram em Israel, na América do Norte e na Austrália.

"*Quando fomos libertados eu não acreditei. Tínhamos que tocar os soldados! Mas era verdade, e fomos mandados à França primeiro em um caminhão, depois nos conduziram a um avião – um avião militar. Em Paris, o Comitê Judaico tomou conta de mim, e eu queria somente retraçar a rota de quando fomos até a Itália, pensei, talvez eu ache meus pais. Minha mãe foi deixada na França quando fomos mandados à Itália, ela foi deixada no campo. Fui para Nice e lá havia um Comitê Judaico e também uma garota que eu conhecia de antes. Nos abraçamos e ela disse: 'Sigi! De onde você veio?' Todos pensavam que eu estivesse morto. E ela logo me disse que minha mãe estava viva em Toulouse – a apenas algumas horas de distância de trem. Então eu ouvi que meu pai estava vivo na Itália, que meu irmão estava na Palestina – e também salvo – e minha irmã, na América! Então a primeira coisa que o Comitê fez foi informar minha mãe de que eu estava vivo e a caminho para encontrá-la. Poucos dias depois eu cheguei em Toulouse. Quando o carro chegou à casa, minha mãe, ela estava no segundo andar olhando para fora pela janela, estávamos os dois olhando e você sabe, nós não conseguíamos falar, é claro. Então eu corri e nos abraçamos.*"

Sigi Hart
(Nascido na Alemanha, em 1925)
Depois da libertação, Sigi obteve a documentação para viver na França e ficou muito feliz de poder se reunir à sua mãe em Toulouse, na França.

O FIM DA GUERRA
CAPÍTULO SEIS

"Foi difícil decidir deixar a Alemanha e partir para os Estados Unidos. Eu estava realmente hesitante porque não é algo simples — eu tinha passado pelo inferno e claro que a Alemanha àquela altura ainda era um inferno, logo após a guerra. Eu tinha que ter a permissão do meu irmão mais velho — eu nem tinha 21 anos ainda! Minha família disse: 'O que você tem a perder? Se não se sentir feliz lá, você só precisa nos avisar e mandaremos uma passagem e por bem ou por mal traremos você de volta. Mas se ficar feliz, então talvez você possa começar uma vida diferente por lá.' Mas foi uma grande decisão para se tomar. Não é fácil, eu não recomendaria. Não depois do que passamos como uma família. Não é fácil, aquilo não some nunca; está sempre lá e é assim também para minhas irmãs e meus irmãos. Mas a experiência compartilhada é uma ligação muito forte. Nós estávamos muito gratos pela segunda chance e, embora muitas pessoas cresçam e se separem, nós ficamos ainda mais unidos."

"Decidi voltar para casa para ficar com meus primos. Eu fui para casa em Loza, na Tchecoslováquia, e disse aos meus vizinhos: 'Eu me lembro que minha mãe disse que deixou algumas coisas aí com vocês e eu gostaria de tê-las de volta'. Eu estava procurando pela prata — eu não queria nada além disso, mas eles não a tinham. Então fui aos vizinhos da casa ao lado e eles tinham duas filhas, garotas adoráveis — eu costumava ir à escola com elas. Elas disseram: 'Fique esta noite, durma essa noite na nossa casa, você ainda tem sua propriedade, a casa pode ser construída e o campo está lá...' Mas eu respondi: 'Esta é a última vez que eu vou pôr os meus pés nesse lugar. Estou partindo rumo ao outro lado do mundo!'. Sem nem saber que eu acabaria parando na Austrália! Eu disse: 'Eu nunca mais quero voltar para cá, nem ver esse lugar.'"

Julia Lentini
(Nascida na Alemanha, em 1926)
Julia relembra a difícil decisão de emigrar para os Estados Unidos e deixar sua família para trás.

Peter Hersch
(Nascido na Tchecoslováquia, em 1930)
Depois de procurar por sua família na Romênia e na Hungria, Peter voltou para Loza, antes de emigrar para a Austrália.

CAPÍTULO SETE
AS CONSEQUÊNCIAS

AS CONSEQUÊNCIAS

O HOLOCAUSTO ACABOU EM 1945, mas seus efeitos continuam a ser sentidos. Nas décadas seguintes, houve tentativas de compensar as vítimas e levar os perpetradores à justiça. É importante que o Holocausto nunca seja esquecido, para que tal tragédia nunca mais se repita. Visitar locais, criar memoriais e aprender sobre o Holocausto são meios de manter viva a lembrança para que algo de bom possa emergir a partir da experiência.

Memorial próximo a Mauthausen
Há muitos memoriais aos mortos no campo de Mauthausen, na Áustria. Estas cabeças de pedra lançam um olhar fixo à margem da estrada. A maioria dos internos foi de prisioneiros políticos. Judeus só chegaram em grande número em 1944, quando a deportação de judeus húngaros começou.

EUROPA

- 1942 — Aliados declaram seu compromisso de trazer os nazistas à justiça quando os derrotarem em guerra
- 1945 — Adolf Hitler comete suicídio. Em Belsen, são conduzidos julgamentos de crimes cometidos em Bergen-Belsen e em Auschwitz-Birkenau. Em Nuremberg, na Alemanha, começa o julgamento dos crimes de guerra de líderes nazistas
- 1949 — A Alemanha é dividida em República Federal Alemã (Ocidental) e República Democrática Alemã (Oriental)
- 1951 — Konrad Adenauer, chanceler da Alemanha Ocidental, fala de "crimes indizíveis". É criada a Conferência sobre Reivindicações Materiais Judaicas contra a Alemanha
- 1952 — Alemanha e Israel concordam com reparações de 1,5 bilhão de dólares

1933 1939 1942 1945 1948 1949 1951 1952 1953 1959 1960

MUNDO

- 1939 — Tem início a II Guerra Mundial (até 1945)
- 1945 — Os Estados Unidos lançam bombas atômicas sobre Hiroshima e Nagasaki, no Japão. É criado o Tribunal Militar Internacional para julgar os crimes de guerra dos nazistas
- 1948 — É fundado o Estado Judaico de Israel. Tem início a Guerra Árabe-israelense (até 1949)
- 1953 — É criado o Yad Vashem, um centro educacional e memorial do Holocausto em Jerusalém, Israel. Dia em Memória do Holocausto e do Heroísmo é decretado pelo governo de Israel
- 1933 — É fundada na Palestina a organização Juventude Aliyah para resgate e reabilitação de crianças judias
- 1960 — Adolf Eichmann é capturado pelo serviço secreto de Israel na Argentina

- **1961** — Em Jerusalém, Eichmann é julgado e condenado por "Crimes contra a Humanidade"
- **1964** — 1.564 pergaminhos da Torá são descobertos em um armazém em Praga e conduzidos a Londres
- **1967** — Guerra dos Seis Dias entre Israel e nações árabes
- **1968** — Assassinato de Martin Luther King em Memphis, Estados Unidos
- **1974** — A Suíça anuncia a descoberta de 4,68 milhões de francos suíços em contas inativas de vítimas do Holocausto
- **1977** — As primeiras cruzes cristãs aparecem em Auschwitz
- **1987** — Julgamento do ex-oficial nazista Klaus Barbie
- **1994** — Genocídio em Ruanda – 500.000 tutsis são massacrados por hutus
- **1997** — Governo Suíço anuncia a fundação de uma agência humanitária com os 5 bilhões de dólares de vítimas do Holocausto
- **1999** — Bombardeio das forças da OTAN sobre a Sérvia tenta parar a perseguição da etnia albanesa em Kosovo pelos sérvios
- **2000** — Governo dos Estados Unidos admite que forças norte-americanas tomaram propriedades e bens roubados das vítimas do Holocausto pelos nazistas
- **2006** — David Irving perde, na corte em Londres, a causa em que alegava ter sido injustamente acusado de negação do Holocausto; A Alemanha favorece a abertura dos arquivos nazistas sobre as vítimas do Holocausto. Papa Bento XVI visita Auschwitz

161

CAPÍTULO SETE
AS CONSEQUÊNCIAS

CONTABILIZANDO AS PERDAS

O NÚMERO DE COMUNIDADES e instituições destruídas no Holocausto é fácil de contar, mas os efeitos de suas perdas são difíceis de medir. A cifra de 10 milhões de pessoas mortas – incluindo seis milhões de judeus – é bastante citada. Na verdade, a quantia exata talvez nunca seja conhecida, pois muitas evidências foram perdidas. Hitler, por exemplo, queimou seus arquivos antes de cometer suicídio. Há um sem-número de vítimas do Holocausto cujas histórias podem ter sido perdidas para sempre.

Pergaminhos do Memorial Tcheco

Temendo que as sinagogas desertas da Tchecoslováquia pudessem ser saqueadas, líderes judeus em Praga propuseram aos invasores nazistas que os tesouros religiosos fossem levados ao Museu Judaico em Praga. Esses tesouros incluíam pergaminhos da Torá que, depois da guerra, terminaram em uma sinagoga abandonada. Em 1964, um acordo com as autoridades tchecas levou 1.564 pergaminhos para a Sinagoga de Westminster, em Londres, na Inglaterra. Pelos 40 anos seguintes, a maioria dos pergaminhos retornou para sinagogas do mundo todo.

Evidências gravadas

Os nazistas valorizavam eficiência e precisão, por isso mantinham registros muito detalhados de suas ações, inclusive fotografias oficiais. Os nazistas costumavam tirar fotos de outros nazistas abusando de suas vítimas para guardar como lembrança particular. A cineasta alemã Leni Riefenstahl (acima) produziu filmes de propaganda para os nazistas, mas posteriormente suas filmagens seriam usadas como evidência dos planos deles.

Evidência destruída

Até o fim da guerra, os nazistas tentaram encobrir os crimes que poderiam envergonhá-los. Eles queimaram Treblinka, por exemplo, e plantaram batatas no local. Evidências também se perderam quando os campos foram saqueados. Os Aliados queimaram prédios para impedir que doenças se alastrassem, como ocorre aqui em Bergen-Belsen, na Alemanha, onde havia tifo.

Número de judeus mortos

- nenhum
- 0–1.000
- 1.001–10.000
- 10.001–100.000
- 100.001–1.000.000
- mais de 1.000.000

Mortes durante o Holocausto

Este mapa traz os números de mortes de judeus. Outros grupos mortos não foram incluídos aqui simplesmente porque não há números confiáveis. Estes grupos incluem: soviéticos prisioneiros de guerra – estimados em 3,3 milhões, romani – números variam de 250.000 a 1 milhão, homossexuais – número desconhecido, mas entre 5.000 e 15.000 foram mandados para campos, e testemunhas de Jeová – número estimado em 1.400.

A PERDA DA VIDA

De muitas maneiras, números, especialmente números muito grandes, não significam nada para nós. O que importa é cada um dos seres humanos que foram mortos pelos nazistas. Cada um tinha um nome, uma família, uma cidade natal e uma cultura. Cada um tinha um passado e um presente – e teria tido um futuro. Cada um tinha suas próprias esperanças e medos, bem como memórias e sonhos. Simplesmente como Settela Steinbach, uma garota romani, retratada aqui olhando para fora de um vagão de trem a caminho do campo de concentração de Auschwitz, na Polônia, em 1943.

Prejuízo para o aprendizado

Tudo o que resta da anteriormente majestosa sinagoga de Tarnów, na Polônia, é esta estrutura central, agora localizada em um parque. Milhares de sinagogas, escolas judaicas e centros comunitários foram destruídos no Holocausto e, com eles, muito da erudição e dos sorrisos que estiveram no coração da vida judaica na Europa Oriental.

Acesso às evidências

Depois da guerra, o governo alemão construiu um arquivo com os registros nazistas ainda existentes, mas somente a Cruz Vermelha tinha permissão para vê-lo. Contudo, a Alemanha foi pressionada para conceder acesso a todas as pessoas e em 2006 o maior arquivo do mundo sobre o Holocausto, o Serviço Internacional de Localização, foi aberto para todos. Suas prateleiras contêm 50 milhões de gravações com detalhes sobre as vítimas do Holocausto.

AS CONSEQUÊNCIAS
CAPÍTULO SETE

Mortes de judeus por país:
- NORUEGA 728
- FINLÂNDIA 11
- ESTÔNIA 1.000
- LETÔNIA 80.000
- DINAMARCA 77
- MEMEL 8.000
- LITUÂNIA 135.000
- HOLANDA 106.000
- CIDADE LIVRE DE DANZIG 1.000
- ALEMANHA 160.000
- UNIÃO SOVIÉTICA 1.000.000
- BÉLGICA 24.387
- LUXEMBURGO 700
- POLÔNIA 3.000.000
- FRANÇA 83.000
- TCHECOSLOVÁQUIA 217.000
- RUTÊNIA 60.000
- BUCOVINA 124.632
- ÁUSTRIA 65.000
- HUNGRIA 200.000
- TRANSILVÂNIA DO NORTE 105.000
- BESSARÁBIA 200.000
- IUGOSLÁVIA 60.000
- ROMÊNIA 40.000
- ITÁLIA 8.000
- BULGÁRIA
- MACEDÔNIA 7.122
- ALBÂNIA 200
- TRÁCIA 4.221
- GRÉCIA 65.000
- CRETA 260
- KOS 120
- RHODES 1.700

Voltando
Os sobreviventes queriam desesperadamente poder se reunir com membros de suas famílias de quem foram separados. Para a maioria das pessoas, a própria cidade de origem parecia ser um ponto de encontro óbvio. Mas muitos dos que voltaram para resgatar os pedaços de suas vidas defrontaram-se com o antissemitismo de moradores locais. Este lar judeu em Łódź, na Polônia, vandalizado por moradores locais durante o Holocausto, foi um de muitos saqueados ou ocupados durante a ausência de seus donos.

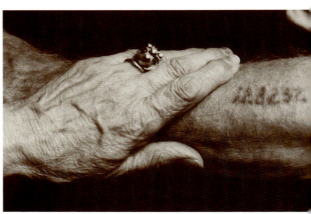

Começando novamente
Alguns sobreviventes tentavam esquecer os horrores vividos, mas outros sentiam que essa experiência era uma parte deles com a qual tinham de conviver. Alguns dos que foram tatuados com números de prisioneiros em Auschwitz removeram suas tatuagens, mas outros, como Solomon Radasky, decidiram mantê-las. Os números dele – 128232 –, se somados, resultam em 18, o valor da palavra "vida" em hebraico. Radasky, que podia ter sido assassinado, sente que esse é um símbolo de seu renascimento como pessoa.

NOVOS COMEÇOS

Os sobreviventes precisaram juntar os cacos de suas vidas enquanto ainda choravam por seus entes queridos e sofriam por suas horríveis experiências. Muitos perderam tudo e a maioria teve de se ajustar a uma nova pátria. As reações individuais foram variadas e complexas. Alguns resolveram viver suas vidas intensamente, enquanto outros se tornaram incapazes de desfrutar novas alegrias.

Juventude Aliyah
Aliyah é a palavra em hebraico para ascendendo, e significa "indo viver na Terra de Israel". Em 1944, o programa Juventude Aliyah começou a ajudar crianças imigrantes em Israel, independentemente de haverem chegado durante ou após o Holocausto. Suas vilas para a juventude ofereciam companhia, educação, um modo de vida saudável e cuidados de adultos às crianças. Estas crianças estão aprendendo danças folclóricas, uma das maneiras de voltarem a se divertir.

AS CONSEQUÊNCIAS
CAPÍTULO SETE

Memórias persistentes
Muitos sobreviventes sentiam-se tão assombrados por suas experiências, que depois do Holocausto encontraram enormes dificuldades para se ajustarem à vida novamente. Eles tinham problemas com o sono e pesadelos recorrentes, em alguns casos para o resto de suas vidas. Tamara Deuel foi uma criança sobrevivente cujos pais e avós lituanos foram assassinados, e que partiu para Israel com auxílio da Juventude Aliyah. Seus desenhos expressam os medos que a assombram.

Culpa por sobreviver
Sobreviventes do Holocausto tinham uma clara sensação de que haviam sobrevivido por pura sorte, não por serem pessoas melhores do que as que morreram. Isso geralmente produz uma forte sensação de culpa apenas por estar vivo. Alguns também sentiam-se culpados por não terem sido capazes de salvar as pessoas amadas. Yehudah Bacon, da Tchecoslováquia, sobreviveu ao Holocausto, mas seu pai não. Este desenho mostra o rosto de seu pai na fumaça saindo de um crematório.

Alguns sobreviventes foram reunidos a seus entes queridos décadas depois. Alguns continuam sua busca, usando websites e bancos de dados em museus do Holocausto.

Identidade perdida
Os sobreviventes muitas vezes tinham dificuldade em procurar seus parentes. Esta garotinha esteve dentre muitas pessoas cujas fotos foram publicadas em jornais na esperança de que alguém pudesse reconhecê-las. Em rádios israelenses havia transmissões diárias com nomes e detalhes das pessoas desaparecidas. Crianças que descobriam que estavam órfãs também queriam descobrir mais sobre suas origens.

A segunda geração
Os filhos dos sobreviventes sentem uma profunda necessidade de entender o passado de seus pais. Os pais do artista americano Art Spiegelman sobreviveram. Ele explorou suas experiências em uma história em quadrinhos chamada *Maus*, em que os alemães eram gatos e os judeus, ratos.

CAPÍTULO SETE
AS CONSEQUÊNCIAS

VOZES
OS SOBREVIVENTES SE RECORDAM

A despeito dos milhões de mortos, muitos dos que sobreviveram aos momentos mais sombrios do Holocausto seguiram em frente, levando uma vida plena por todos os cantos do mundo. Tanta crueldade e tanto sofrimento, entretanto, são inesquecíveis, e para muitos desses sobreviventes a questão que permanece em suas mentes até hoje é "Por que isso aconteceu?"

"Eu tenho três filhos – dois meninos e uma menina... Sou muito feliz, muito orgulhoso. E aí está, sair de onde eu saí – para chegar até aqui! É a minha maior alegria. Então Deus foi bom para mim... Com todos os problemas que tive na minha vida, isso compensa tudo, porque eu tenho uma vida maravilhosa com minha família e é isso que importa... O que os alemães nos fizeram – não posso esquecer, não posso esquecer. Não consigo, de maneira alguma, entender como isso pôde acontecer. Não posso entender, e não sei, simplesmente não sei."

"Não posso culpar a todos os alemães e as novas gerações – como posso dizer que é culpa deles? Não posso! Mas eu nunca mais voltei à Alemanha desde então, desde que saí de lá. Eu realmente quero antes de morrer, quero voltar lá. E minha irmã quer voltar a Auschwitz para recitar o Kaddish para meus pais e meus irmãos e irmãs, porque foi lá que eles morreram. Mas, para além disso, não tenho nenhum interesse em voltar à Alemanha e aos outros lugares. Não tenho o desejo de voltar. Nenhum mesmo."

Peter Hersch
(Nascido na Tchecoslováquia, em 1930)
Peter esforça-se por entender porque o Holocausto aconteceu e expressa seu amor por sua família.

AS CONSEQUÊNCIAS
CAPÍTULO SETE

"*Meus filhos quiseram saber sobre o número no meu braço e naturalmente eles falavam sobre o que aconteceu aos judeus porque queriam saber: 'Onde estão a vovó e o vovô?'. Então contei a eles apenas um resumo do que nos aconteceu. Expliquei de onde eu vim e tudo o mais, mas não em detalhes.*"

"*Tenho que me convencer que há uma razão para tudo. Porque, do contrário, eu diria: 'Por que Deus deu força a Hitler, para cometer esse ato homicida, para aniquilar seis milhões de judeus e tantos outros ao mesmo tempo? Por que ele foi agraciado com tal poder, já que era um homem mau?' Essa resposta ninguém pode me dar.*"

"*As pessoas vinham até essas cercas quando já não podiam aguentar o sofrimento, a fome. Todas as manhãs você podia ver pessoas se atirando aos fios eletrificados, cometendo suicídio, colocando fim às suas vidas. Estou olhando para isso hoje e é difícil de acreditar — se esses postes pudessem contar as histórias das coisas que aconteceram nesse lugar. Não podia ser verdade, dizíamos a nós mesmos, não podia ser verdade. No entanto, estamos todos marcados, todos temos os números nos nossos braços que nos diz que sim, estivemos aqui... Aprendi algo aqui, mas me pergunto se o mundo também aprendeu. O jeito que o mundo está hoje faz pensar — o que aprendemos com o Holocausto? O que retiramos de lição desse lugar?... Olhe para esse lugar. Veja o tamanho disso! Pode imaginar os milhões que pereceram aqui?*"

Diana Golden
(Nascida na Grécia, em 1922)
Depois da guerra, Diana emigrou para os Estados Unidos. Como muitos outros sobreviventes, ela imagina como o Holocausto aconteceu.

Renée Firestone
(Nascida na Tchecoslováquia, em 1924)
Muitos anos após ter emigrado para os Estados Unidos, Renée retornou a Auschwitz para visitar o memorial.

167

CAPÍTULO SETE
AS CONSEQUÊNCIAS

JULGAMENTOS DE CRIMES DE GUERRA

Os Aliados estavam comprometidos em trazer os nazistas à justiça sem delongas e os julgamentos começaram pouco depois do fim da guerra. Os primeiros julgamentos foram limitados em termos do que se podia fazer e envolveram apenas o mais alto escalão das forças nazistas. Enquanto alguns nazistas se renderam, outros cometeram suicídio. Grande parte fugiu e escapou à justiça. Indivíduos e organizações conhecidos como "caçadores de nazistas" ainda buscam ativamente por nazistas para trazê-los a julgamento.

A morte de Hitler
O suicídio de Hitler somente dias antes do fim da II Guerra Mundial foi a maior notícia nas rádios e nos jornais por todo o mundo. A revista semanal americana Time publicou esta forte imagem em sua capa.

HIMMLER
Heinrich Himmler, o homem por trás da Solução Final, estava convencido de que a Alemanha devia buscar a paz com a Grã-Bretanha e com os Estados Unidos. Sabendo disso, Hitler ordenou sua prisão. Himmler conseguiu fugir disfarçado, mas foi capturado pelos ingleses e cometeu suicídio antes que pudesse ser interrogado.

GOEBBELS
Depois que Hitler cometeu suicídio, Joseph Goebbels, ministro da propaganda, permaneceu no *bunker*. Ele e sua esposa resolveram morrer junto a seus seis filhos. Um médico aplicou injeções letais nas crianças. Então Goebbels ordenou a soldados da SS que disparassem contra ele e sua esposa.

BORMANN
Em 30 de abril de 1945, depois do suicídio de Hitler, seu poderoso secretário particular, Martin Bormann deixou o bunker e desapareceu. Ele foi sentenciado à morte *in absentia* em Nuremberg. Um corpo foi encontrado posteriormente em Berlim e Bormann foi pronunciado como morto por uma corte alemã no ano de 1973.

Morte e desaparecimento
Em janeiro de 1945, Hitler fez de um *bunker* em Berlim seu novo quartel general. À medida que a guerra chegava a seu desfecho, ele viu que os alemães seriam derrotados. Em 30 de abril de 1945, ele pôs fim à própria vida e à de Eva Braun, com quem se casara no dia anterior. A tabela ao lado mostra o que aconteceu a outros nazistas de alta patente.

Os julgamentos de Belsen
Forças britânicas assumiram o controle de Bergen-Belsen e lá julgaram os oficiais nazistas de maior patente. Aqui, os ingleses estão prendendo o comandante do campo, Josef Kramer. Os julgamentos de 44 nazistas ocorreram em novembro de 1945, por crimes cometidos tanto em Belsen quanto em Auschwitz. Trinta foram condenados e suas penas variaram de um ano de detenção até a pena de morte.

Tribunal Militar Internacional
Em agosto de 1945, os Aliados concordaram em criar um Tribunal Militar Internacional. O Tribunal seria baseado na "justiça natural" porque muitos países estariam envolvidos, cada um com diferentes códigos legais. As acusações incluíam crimes de guerra e crimes contra a humanidade, e os nazistas não poderiam se defender sob a alegação de que simplesmente seguiam ordens. Muitos, muitos documentos tiveram de ser organizados.

Os julgamentos de Nuremberg

Como Berlim estava destruída pela guerra, os julgamentos ocorreram em Nuremberg, uma cidade de importância simbólica porque ali haviam sido aprovadas as leis de discriminação racial. A política nazista e ações individuais foram julgadas. Houve, no total, 22 réus, alguns do quais são retratados aqui. Três foram absolvidos, sete foram condenados à prisão perpétua e doze receberam a pena de morte.

"Justiça em Jerusalém"

Adolf Eichmann, responsável pelo transporte massivo para os campos de extermínio, fugiu para a Argentina. Em 1960, ele foi capturado pelo serviço secreto israelense e levado a Israel para julgamento (à esquerda). Ele foi considerado culpado de crimes de guerra e contra a humanidade; foi enforcado.

Entre 1945 e 1985, cerca de 5.000 nazistas condenados por crimes de guerra foram executados e 10.000 foram presos.

O açougueiro de Lyon

Klaus Barbie, o líder da Gestapo em Lyon, na França, foi encontrado por caçadores de nazistas. Seu julgamento concentrou-se em sua participação na Solução Final. Na longa peça de acusação mostrada no cartum ao lado pode-se ler: "Lista de pessoas mortas ou deportadas". Em 1987, ele foi sentenciado à prisão perpétua.

CAPÍTULO SETE
AS CONSEQUÊNCIAS

VOZES
OS NAZISTAS EM JULGAMENTO

Muitos daqueles que foram levados a julgamento negaram responsabilidade por seus atos, alegando que simplesmente seguiam ordens. Uns poucos admitiram os crimes cometidos, mas mantiveram uma atitude desafiadora, dizendo não se arrepender de nada. Aqui, promotores de justiça relembram suas experiências nos julgamentos, enquanto comentários de Rudolf Hoess e Josef Kramer nos momentos de seus julgamentos ilustram a fria determinação dos nazistas.

"*Eu estava trabalhando* no principal julgamento contra o governo nazista. Eu vi todos aqueles membros do regime nazista. Um homem que realmente me impressionou foi Goering. Ele estava bastante abatido, mas foi o único que teve a coragem de reconhecer seus crimes. Ele falou por dois dias em sua defesa e disse: 'Se eu tivesse que começar tudo de novo, faria as mesmas coisas porque eu fiz isso pela grandeza do meu povo'. Todos os outros diziam: 'Bem, seguimos as ordens do nosso Führer. Não tínhamos vontade própria, então somos inocentes'. De fato, Ribbentrop foi até mais longe quando lhe perguntaram: 'Você sabia daquele campo de concentração que ficava nas imediações de Berlim?'. Ele respondeu: 'Não, não era um campo de concentração. Era um lar para judeus aposentados'."

"*Eu não tive* sentimentos ao fazer estas coisas, porque recebi uma ordem. Este, a propósito, é o modo como eu fui treinado."

Josef Kramer
O comandante de Belsen, Kramer, comenta sua atitude diante das atrocidades que cometeu.

Demetrius Dvoichenko-Markov
Sargento do exército americano durante a guerra, Demetrius trabalhou posteriormente como analista de pesquisa coletando evidências para a acusação em Nuremberg.

AS CONSEQUÊNCIAS
CAPÍTULO SETE

"Nenhum dos réus reconhecia a culpa no início. Depois, alguns confessaram uma considerável parcela de culpa. Como Frank, o 'Gauleiter', o Comandante da Polônia, disse: 'Mil anos se passarão e a culpa do povo alemão não será apagada'. Ele tinha uma sensação de que algo não estava certo. Mas ele não teve coragem enquanto a guerra estava acontecendo... Quando ele esteve diante de seus juízes então se arrependeu do que havia feito e do que outros fizeram. Eles não tinham muito poder. O poder estava concentrado em Hitler, Himmler, Goering e Goebbels. Hitler estava morto, Himmler cometera suicídio em Hamburgo quando detido pelos ingleses e Goebbels suicidou-se em 1 de maio na chancelaria em Berlim, matando também seus seis filhos e sua esposa. As pessoas nos bancos dos réus em Nuremberg atribuíam toda a culpa a eles, que estavam a salvo, mortos e além do poder de arbítrio dos Aliados. 'Você fez isto?', 'Não, eu não, Goebbels fez.' Nós não podíamos reinquirir Goebbels. Aquele era o truque deles. Eu lia os jornais alemães naqueles dias, o que quer que fosse – a imprensa era controlada – e a maior parte das pessoas estava satisfeita com o julgamento. Achavam justo que eles não fossem sumariamente executados."

"Em Auschwitz, eu usava Zyklon B, um ácido prússico cristalizado, que jogávamos dentro da câmara de extermínio através de uma pequena abertura. Demorava de 3 a 15 minutos para matar as pessoas dentro das câmaras, dependendo das condições climáticas. Sabíamos que as pessoas estavam mortas porque seus gritos paravam."

"Quando eu me coloco diante dos senhores, Juízes de Israel, para conduzir a acusação de Adolf Eichmann, não estou sozinho. Junto a mim, estão seis milhões de acusadores. Mas eles não podem postar-se sobre seus próprios pés e apontar um dedo acusador em direção a este que se senta no banco dos réus e gritar: 'Eu o acuso.' Porque suas cinzas estão acumuladas nas colinas de Auschwitz e nos campos de Treblinka, e estão espalhadas nas florestas da Polônia. Suas sepulturas estão espalhadas por todo o comprimento e a largura da Europa. Seu sangue ruge, mas suas vozes não são ouvidas. Por isso eu serei o porta-voz deles e em seus nomes vou abrir a pavorosa peça de acusação formal."

Rudolf Hoess,
Hoess descreve sem emoção o processo de assassinato das vítimas usando o gás Zyklon B durante seu julgamento em Nuremberg.

Peter Less
Peter fugiu para a Suíça em 1938. Seus pais foram mortos em Auschwitz. Ele posteriormente trabalhou como intérprete em Nuremberg.

Gideon Hausner
O procurador-geral de Israel, Gideon Hausner, foi o procurador-chefe no julgamento de Adolf Eichmann, em 1961.

CAPÍTULO SETE — AS CONSEQUÊNCIAS

PROPRIEDADES ROUBADAS E COMPENSAÇÃO

QUANDO OS NAZISTAS deportaram suas vítimas, eles sequestraram seus bens ou os tomaram como pagamento para os vistos de saída. Desde o Holocausto, sobreviventes e organizações atuando em seu interesse fizeram tentativas de compensação pela Alemanha, outros governos, bancos e indústrias. Eles não são tão motivados pelo dinheiro quanto o são pelo desejo de reconhecimento do sofrimento causado e de que os perpetradores reconheçam sua culpa.

Matando pessoas, salvando as artes
Hitler desejava que o acervo nacional de artes apoiasse os anseios nazistas de supremacia da Alemanha e reforçasse sua aparência de força. Ele era contra a arte moderna e arte sobre temas judaicos, as quais designava de arte "degenerada", como esta coleção em Berlim. Muitas peças de arte foram destruídas, mas os trabalhos muito famosos foram vendidos.

Pilhagem nazista
Quando os nazistas roubavam pertences de suas vítimas, protegiam-nos de bombas guardando todo o material em locais subterrâneos, cofres e porões. Quando as tropas americanas e britânicas entraram na Alemanha, descobriram verdadeiros tesouros escondidos, com joias, livros raros e peças de arte de valor inestimável. Este soldado americano está de sentinela diante de barras de ouro.

Em 1951, Chanceler Adenauer admitiu a responsabilidade da Alemanha diante de "crimes indizíveis" e "sofrimento infinito", e reparações como uma "questão de justiça".

O trem de ouro
Este "trem de ouro" dos nazistas estava transportando duzentos milhões de dólares em barras de ouro, peças de arte e outros pertences expropriados de judeus húngaros quando as tropas americanas o interceptaram, em maio de 1945. Eles confiscaram todo o carregamento, imaginando que fosse propriedade do inimigo. Um grupo de sobreviventes húngaros demandou compensações posteriores do governo norte-americano, que afirmou não ter tido o conhecimento de que a carga valiosa pertencia às vítimas. O governo dos Estados Unidos estabeleceu um acordo com sobreviventes húngaros no ano de 2004.

AS CONSEQUÊNCIAS
CAPÍTULO SETE

Contas em bancos suíços

Embora muitos dos que foram assassinados no Holocausto tenham aberto contas em bancos na neutra Suíça, os bancos se recusaram a liberar o dinheiro para parentes das vítimas sem a documentação adequada. Os nazistas não emitiam certidões de óbito e os documentos bancários foram perdidos. Encarando acusações de corrupção e sob enorme pressão para a liberação do dinheiro, os bancos suíços doaram uma enorme quantia para caridade. Em 1997, eles finalmente liberaram o acesso aos registros. Aqui, um sobrevivente está preenchendo a documentação para ter acesso aos registros do banco.

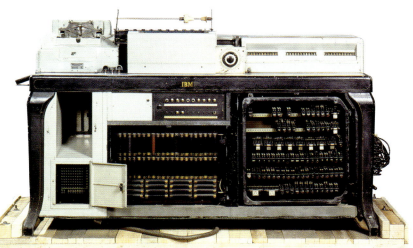

Queixa romani contra a IBM

Material publicado em 2001 alegava que a IBM, a empresa de computadores americana, havia desenvolvido a tecnologia de perfuradoras de cartões para tornar a seleção de vítimas do Holocausto mais eficiente. Uma organização romani planejou processar a IBM por seu papel, reivindicando 10.000 dólares por órfão. Este seria o maior passo dados pelos romani na busca pelo reconhecimento de suas perdas. Até hoje, nenhuma ação foi tomada.

Conferência sobre Reivindicações

A Conferência sobre Reivindicações Materiais Judaicas contra a Alemanha foi criada em 1951. Ela negociou demandas, distribuiu dinheiro aos sobreviventes mais necessitados e seus herdeiros, e recuperou bens ainda não reinvidicados de judeus alemães. O chanceler da Alemanha Ocidental, Adenauer, é mostrado assinando o acordo de reparação.

"Dinheiro sujo de sangue"

Em 1952, Israel e Alemanha começaram a discutir a questão das reparações. Alguns em Israel achavam que indenizações vindas da Alemanha seriam "dinheiro sujo de sangue", ou dinheiro aceito em retribuição às vidas que se foram. Outros pensavam que o dinheiro era necessário para os sobreviventes e que a Alemanha deveria pagar por seus crimes. A Alemanha regateou a soma, e finalmente convenceu Israel a aceitar metade da quantia exigida. Não pagaram em dinheiro, mas em bens alemães, como este navio. Muitos israelenses ressentiam-se de tais bens alemães, já que eram lembranças do Holocausto.

CAPÍTULO SETE — AS CONSEQUÊNCIAS

OS CAMPOS HOJE EM DIA

Muito pouco restou da maioria dos campos, que foram deliberadamente demolidos ou abandonados à ruína ao longo do tempo. Conforme o mapa da Europa muda, também muda a política dos locais onde se situam os campos e a opinião de como esses locais devem ser administrados. Há fortes opiniões sobre o modo como alguns grupos exibem seus símbolos religiosos e políticos tanto nos campos quanto nos memoriais em homenagem àqueles que pereceram. Auschwitz foi transformado em patrimônio da humanidade, e no ano de 2006 o governo polonês solicitou que fosse chamado "Antigo Campo de Concentração da Alemanha Nazista em Auschwitz".

Romaria ou turismo?
Antigos campos de concentração, especialmente Auschwitz, na Polônia, atraem um grande número de visitantes. Alguns vêm como romeiros, outros como estudantes e outros ainda como turistas. Visitantes muitas vezes ficam horrorizados como Auschwitz tornou-se comercial, possuindo até mesmo barracas de cachorro-quente do lado de fora. Para alguns, a presença de grandes multidões e agrupamentos ruidosos é uma amostra de insensibilidade para com o local. Visitantes geralmente posam para fotos aqui, sob a famosa placa de *Arbeit Macht Frei* (O trabalho liberta).

A "linha férrea" em Treblinka
Em 1943, os nazistas destruíram o campo e a via férrea de Treblinka, na Polônia. Contudo, depois do Holocausto, autoridades soviéticas ergueram uma enorme placa com os dizeres "Nunca mais" em muitas línguas. Há também centenas de menires representando uma vila ou cidade que um dia foi o lar das vítimas e blocos simbolizando o caminho percorrido pelos dormentes dos trilhos.

Como era de fato
Poucos campos não foram destruídos pelos nazistas ou pelos Aliados. Em Auschwitz e Majdanek, alguns alojamentos, crematórios, câmaras de gás e outros edifícios ainda estão de pé. Eles dão uma ideia de como era a vida diária dentro dos campos, como essas estruturas que serviam de dormitório no campo de Majdanek. Mas os galpões de madeira estão pouco a pouco apodrecendo e um dia ruirão.

Mais de meio milhão de pessoas visitam o local do antigo campo de concentração de Auschwitz a cada ano.

Restos humanos
Os locais dos campos de concentração são de fato enormes cemitérios, onde jazem inumeráveis restos de pessoas anônimas. Visitar os campos é como caminhar sobre túmulos invisíveis. Em alguns campos, as cinzas foram recolhidas e demarcadas. Este mausoléu em Majdanek, na Polônia, contém cinzas dos crematórios das cercanias. Nas inscrições em polonês pode-se ler: "Que o nosso destino sirva de alerta a você".

Cruzes em Auschwitz
As primeiras cruzes cristãs apareceram em Auschwitz-Birkenau em 1979, quando o papa polonês João Paulo II celebrou uma missa lá. Em 1988, freiras colocaram a primeira de muitas cruzes em Auschwitz I, onde elas converteram o edifício anteriormente usado para armazenamento das latas com o gás Zyklon B em convento. Grupos judaicos protestaram contra as cruzes e a localização do convento. Em 1993 as freiras deixaram o local, mas as cruzes ainda permanecem.

Influências soviéticas
Quando a Polônia era um país comunista, as influências soviéticas na vida política eram muito fortes. A União Soviética sentia-se orgulhosa de haver derrotado o nazismo e ergueu muitos monumentos, como este no antigo campo de trabalho em Plaszow, na Polônia. Eles eram geralmente enormes monumentos que simbolizavam o poder soviético. As placas dos memoriais referiam-se às "vítimas do fascismo", mas não a judeus ou romani.

Rochas memoriais
Todos os antigos campos de concentração hoje levam placas ou indicações, e a maioria também exibe esculturas e instalações em homenagem aos mortos. Em alguns campos, há enormes rochas em estado bruto posicionadas como lápides simbólicas nos locais onde tumbas coletivas foram usadas para o enterro de vítimas sem identificação. Aqui, em Buchenwald, na Alemanha, os nomes dos campos onde nazistas assassinaram *romani* estão gravados em algumas das rochas. Dentre eles está o nome do próprio campo de Buchenwald.

MEMORIAIS, MUSEUS, EDUCAÇÃO

AS CONSEQUÊNCIAS

EM MUITAS PARTES DO MUNDO, especialmente na Europa, na América do Norte e em Israel, esculturas e instalações foram erigidas para relembrar o Holocausto. Elas capturam a experiência do Holocausto, relembram as vidas perdidas e nos levam a pensar nas lições que podemos tirar. Programas educativos e unidades de estudos possibilitam que crianças e adultos entendam o que aconteceu e porque – na esperança de que tais eventos nunca aconteçam novamente.

Dia Memorial do Holocausto
Alguns países relembram o Holocausto com cerimônias cívicas e programas educativos. Em Israel, a data em que se comemora o Dia Memorial do Holocausto e do Heroísmo coincide com a do levante do gueto de Varsóvia. Locais de entretenimento são fechados a as pessoas ficam de pé e em silêncio por dois minutos, onde quer que estejam.

Artefatos do Holocausto como memoriais
O uso de autênticos artefatos do Holocausto torna a lembrança mais imediata e permite aos que os veem sentirem compaixão. Este "Memorial aos Deportados" em Jerusalém, Israel, é um verdadeiro vagão usado para deportações. A linha interrompida simboliza a morte das vítimas e também o fim do Holocausto.

Esculturas e instalações memoriais
Alguns memoriais do Holocausto expressam dor e tragédia, enquanto outros focam as ideias de vida nova e de esperança. Outros ainda, como este memorial contendo 2.700 blocos de rochas de diferentes tamanhos em formato de caixão, criado em Berlim, em 2005, permitem que as pessoas reflitam enquanto caminham entre eles.

Liberdade e libertação

Nos Estados Unidos, o Holocausto é ligado ao papel desempenhado pelo país na derrota do nazismo e como libertadores dos campos. Este "Monumento à Libertação", à direita, criado por Nathan Rappaport, expressa a ideia dos Estados Unidos como a terra da liberdade. Está localizada no porto de Nova York, a uma curta distância da Estátua da Liberdade.

"Justos dentre as Nações"

Yad Vashem, o centro memorial e museu do Holocausto, em Israel, homenageia os gentios que arriscaram suas vidas para ajudar os judeus escondendo-os ou auxiliando-os a escapar. São chamados de "Justos dentre as Nações" e árvores foram plantadas neste centro em seus nomes na Avenida dos Justos, mostrada ao lado. Yad Vashem os homenageia também pessoalmente, com cerimônias especiais e concessão de medalhas.

TERMOS DO HOLOCAUSTO

Holocausto – termo em grego antigo que significa "sacrifício totalmente queimado"; atualmente refere-se ao extermínio em massa de judeus pelos nazistas durante a II Guerra Mundial

Porrajmos – "devastação"; um termo cunhado pelos romani para descrever o Holocausto

Sho'ah – "catástrofe"; palavra em hebraico extraída da Bíblia, usada pelos judeus para o Holocausto

Hurban – "destruição"; outra palavra em hebraico para Holocausto, menos comumente usada que *Sho'ah*

Israel reconheceu mais de 20.000 pessoas como "Justos dentre as Nações" por arriscarem suas vidas para salvar judeus.

Educação

Museus do Holocausto têm uma grande importância na educação da população em geral, e as crianças em Israel, na Alemanha e nos Estados Unidos aprendem sobre o Holocausto na escola. Esta imagem, expressando simpatia por uma criança vitimada a quem foram negadas as alegrias da infância, foi criada por um jovem artista na Long Island High School, Nova York, como parte de um programa patrocinado pelo Centro de Recursos do Holocausto.

HISTÓRIAS DOS SOBREVIVENTES

CAPÍTULO SETE — AS CONSEQUÊNCIAS

Alexander Van Kollem
Nascido em 1928, em Amsterdã, na Holanda. A família de Alexander foi levada ao campo de trânsito de Vught em 1941. O chefe de seu pai conseguiu fazer com que a família fosse mandada de volta para Amsterdã, onde eles se esconderam. Ele foi libertado de seu último esconderijo pelas forças britânicas em maio de 1945, mas seus pais foram mortos em Auschwitz. Depois da guerra ele retornou a Amsterdã, antes de migrar para os Estados Unidos, onde se casou em 1952.

Aniela Ania Radek
Nascida na Polônia em 1926, Aniela é católica. Em 1941, foi mandada para Auschwitz, na Polônia. Depois de escapar, ela se escondeu em uma fazenda perto de Augsberg. Enquanto isso, seu pai foi assassinado na França por criticar os comunistas. Aniela estudou em Sorbonne, na França, e depois cursou universidade em Montreal, no Canadá. Ela se casou em Toronto, em 1954, e tem uma filha.

Bernard Schuster
Nascido na Polônia, em 1928. O pai de Bernard morreu antes da guerra e sua mãe foi morta a tiros tentando escapar de um gueto. Bernard partiu para a clandestinidade e finalmente foi libertado por tropas russas quando se escondia nas florestas perto de Jasionowka, na Polônia. Ele permaneceu no campo PD Santa Cesária, na Itália, de 1945 a 1947, antes de migrar para Nova York. Ele estudou Direito em Harvard e trabalha com a comunidade judaica dos Estados Unidos.

Eric Richmond
Nascido em Viena, em 1924, Eric fugiu para a Áustria em 1938 como parte de um *Kindertransport* e foi para a Inglaterra. Durante os anos da guerra, ele trabalhou produzindo botas para o exército e anos depois se tornou dono de restaurante e de hotel. Em 1970, voltou à Áustria a passeio, mas muito brevemente. Seu pai e sua mãe foram mortos durante a guerra. Ele se casou na Alemanha, em 1963, e tem uma filha. Atualmente, vive na Inglaterra.

Felicia Carmelly
Nascida na Romênia, em 1931, Felícia foi enviada ao gueto de Shargorod, na Transnístria – Ucrânia – em 1941, onde trabalhou nos campos até 1944. Ela foi libertada pelo exército soviético em 1945 e retornou para a Romênia antes de emigrar para o Canadá. Ela tem uma filha. Felícia seguiu seus estudos até ser titulada Doutora em Psicologia e publicar um livro. Ela é fundadora da Associação dos Sobreviventes da Transnístria, em Toronto.

Fred Spiegel
Fred nasceu na Alemanha, em 1932; sua mãe emigrou para a Inglaterra na esperança de depois buscar Fred e sua irmã. Contudo, a guerra eclodiu e Fred foi enviado para Bergen-Belsen, via Westerbork, e foi libertado pelos americanos. Depois da guerra, ele viajou para Inglaterra, Chile, Israel e Estados Unidos. Sua mãe e sua irmã sobreviveram à guerra. Fred é casado e tem três filhos.

As pessoas que são citadas ao longo do livro na seção Vozes são apresentadas aqui. Suas incríveis histórias de força e resistência oferecem um tocante testemunho do poder do espírito humano.

AS CONSEQUÊNCIAS
CAPÍTULO SETE

Claire Boren
Nascida na Polônia, em 1938, Claire e sua família foram enviados para o gueto de Mizoch, em 1942, e de lá partiram para a clandestinidade. Inicialmente, ela ficou escondida em um sótão. Depois, ajudada por um fazendeiro batista, ela e sua mãe se esconderam por três meses em um buraco cavado sob um chiqueiro. Ela foi libertada pelo exército soviético no começo de 1944. Então foi para o campo PD de Eshwege de 1946 a 1949, antes de migrar para os Estados Unidos.

Diana Golden
Nascida em 1922 na ilha grega de Rhodes, Diana e sua família foram levadas para um campo de concentração perto de Atenas, em 1944, depois que os alemães ocuparam a ilha. A família então foi mandada para Auschwitz. Seu pai morreu a caminho e ela nunca mais voltou a ver sua mãe. Depois foi enviada para Terezin, onde foi finalmente libertada pelos soviéticos. Depois da guerra, Diana começou uma nova vida nos Estados Unidos.

Emma Mogilensky
Nascida na Alemanha, em 1923, Emma fugiu em 1939 e tomou um trem para Londres, onde se alistou no exército britânico, trabalhando como cozinheira. Em 1950, ela emigrou para os Estados Unidos, onde conheceu seu marido. Em 1992, ela visitou sua cidade natal, Cronheim, na Alemanha. Seus pais foram mortos no Holocausto, mas seu irmão escapou e agora também vive nos Estados Unidos. Ela tem três filhos.

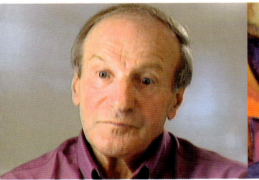

Henry Greenblatt
Nascido na Polônia, em 1930. Os pais e a irmã de Henry foram mortos em 1942. Ele passou algum tempo no gueto de Varsóvia antes de ser deslocado para o gueto de Siedlce. Em 1942, em uma marcha da morte a partir de Siedlce, ele conseguiu escapar e se ocultou sob falsa identidade, trabalhando em uma fazenda de 1943 a 1946, depois somando forças à resistência do exército nacional da Polônia. Henry atualmente vive nos Estados Unidos.

Henry Oster
Nascido em 1928, na Alemanha, Henry e sua família foram deportados para o gueto de Łódź na Polônia, em 1941, onde o pai de Henry morreu de inanição. Em 1943, Henry e sua mãe foram deportados para Auschwitz, onde foi separado de sua mãe, a quem nunca mais viu. No final de 1944, ele juntou-se à marcha da morte para Buchenwald, onde permaneceu até a libertação pelos americanos, em 1945.

Julia Lentini
Nascida em 1926, em Biedenkopf, na Alemanha, de uma família romani, Júlia e sua família foram presos em 1943 e enviados para Auschwitz, onde seus pais morreram. Ela foi removida para o campo de Schlieben em 1945, de onde foi posteriormente libertada pelos soviéticos. Depois da guerra, ela recebeu abrigo como refugiada de guerra perto de Biedenkopf. Ela veio a conhecer e se casar com um soldado americano e eles se mudaram para os Estados Unidos no ano de 1946.

179

CAPÍTULO SETE
AS CONSEQUÊNCIAS

HISTÓRIAS DOS SOBREVIVENTES

Leonie Hilton
Leonie nasceu na Alemanha, em 1916. Embora sua mãe fosse judia, Leonie foi criada como cristã por seu pai e sua madrasta, e não sabia que era judia até que Hitler chegou ao poder e introduziu suas leis racistas. Seu primeiro marido morreu como prisioneiro de guerra em Singapura. Ela tem um filho, e emigrou para a Austrália em 1943, onde vive desde então.

Lola Putt
Nascida na Grécia, em 1926, Lola foi enviada para um gueto em 1943. Depois de uma semana, foi enviada para Auschwitz e depois a Birkenau. Nos campos, ela teve de abrir covas e retirar pertences de outras vítimas. Ela partiu da Polônia em uma marcha da morte em 1945 e foi libertada por soviéticos e americanos após dois dias de marcha. Seu pai, sua mãe e três de seus irmãos morreram em Auschwitz. Ela vive na Austrália.

Mayer Schondorf
Nascido em 1928, na Tchecoslováquia. Mayer e sua família foram deportados para o campo de Nové Mesto. Mais tarde foram enviados para Auschwitz, onde a família foi separada. Em 1945, ele partiu em uma marcha da morte para o campo de concentração Gross Rosen, e logo depois para Buchenwald. Ele foi libertado pelos americanos, reunindo-se novamente a sua mãe, seu irmão e sua irmã. Ele se casou com uma sobrevivente e vive no Canadá.

Renée Firestone
Nascida na Tchecoslováquia, em 1924, Renée e sua família foram deportadas para Auschwitz em 1944, onde sua mãe e sua irmã foram mortas. Seu irmão fugiu e se juntou aos grupos de resistência. Posteriormente, Renée foi transferida para o campo de Liebau, na Alemanha, para trabalhar em uma fábrica de munições. Ela foi libertada pelos soviéticos e depois se reencontrou com seu irmão e sua irmã. Ela casou-se com outro sobrevivente e vive nos Estados Unidos.

Rose Silberberg-Skier
Nascida em 1934, na Polônia. Sua família esteve brevemente na clandestinidade em 1942, mas foi descoberta e enviada ao gueto de Srodula em 1943. Rose fugiu do gueto com sua tia. Ambas receberam dos guerrilheiros da resistência documentos alemães e partiram para a Alemanha, onde trabalharam num convento até a libertação pelos soviéticos em 1945. Ninguém de sua família sobreviveu. Ela emigrou para os EUA em 1951, está casada e tem três filhos.

Sigi Hart
Nascido em Berlim, em 1925, Sigi fugiu com sua família para a Bélgica no ano de 1938. Eles passaram os anos seguintes na França, tentando fugir à captura. Quando a Itália se rendeu, em 1943, Sigi foi a Florença, mas acabou capturado e enviado a Auschwitz. Deslocaram-no para Nordhausen e então para Bergen-Belsen, mas foi libertado um mês depois pelo exército britânico. Ele se mudou para Tel Aviv, em Israel, onde se casou em 1953. No ano de 1957 migrou com toda a família para os Estados Unidos.

Michelle Cohen-Rodriguez
Nascida em 1935, em Paris, Michelle passou à clandestinidade com a família no ano de 1940. Dois de seus irmãos juntaram-se à organização de resistência Maquis e, quando Michelle foi enviada ao campo de Dancy, seu irmão, Abel, vestiu-se de soldado alemão e a ajudou a escapar. Ela foi escondida em um convento, e depois foi acolhida por uma família até o fim da guerra. Após a libertação, Michelle retornou a Paris e emigrou depois aos Estados Unidos, em 1935, onde se casou e teve um filho.

Peter Hersch
Nascido na Tchecoslováquia, em 1930. Peter e sua família foram deportados para o gueto de Mukacevo no ano de 1944. A família foi então mandada a Auschwitz, onde sua mãe e três irmãos foram mortos. Seu pai também não sobreviveu; Peter foi levado para Mauthausen. Posteriormente, esteve no campo Gusen e em 1945 foi forçado à marcha da morte até o campo Gunskirchen, que foi libertado pelos americanos. Depois da guerra, Peter viajou pela Romênia e pela Hungria, procurando seus parentes. Em 1948 ele emigrou para a Austrália e se casou.

Thea Rumstein
Nascida em Viena, em 1928. Sua família foi enviada para Terezin em 1942, e em 1944, para Auschwitz, onde seu pai foi morto. Depois Thea e sua mãe foram para o campo de Freiberg, na Alemanha, antes de serem transferidas para Mauthausen. Eles foram libertados pelos americanos. Depois da guerra, Thea e sua mãe retornaram a Viena, onde ela trabalhou temporariamente no Comitê de Distribuição Conjunta Judaico-Americana e voltou a encontrar seu irmão. Ela vive atualmente nos Estados Unidos.

Vera Eden
Nascida em Praga, em 1930, Vera esteve inicialmente no gueto de Terezin, antes de ser mandada para Auschwitz, onde ficou de 1942 a 1944. Seu pai faleceu em Auschwitz e sua mãe em Bergen-Belsen. Sua irmã sobreviveu. Mais tarde, Vera foi enviada para o campo Kurzbach por um ano e então para o campo de Gross Rosen. Ela foi libertada de Bergen-Belsen pelos britânicos em 1945. Retornou a Praga, onde se casou antes de se alistar ao exército de Israel, de 1950 a 1952. Atualmente, ela vive no Canadá.

Vera Gissing
Nascida em Praga, em 1928. Os pais de Vera enviaram-na juntamente com sua irmã para a Inglaterra no *Kindertransport*, em 1939, para fugir do Holocausto. Vera foi recebida por uma família de Liverpool. Seus pais adotivos matricularam-na em uma escola tcheca no País de Gales, que foi onde ela estava quando ouviu que a guerra havia terminado. Seu pai pereceu em uma marcha da morte na Polônia e sua mãe em Bergen-Belsen. Sua irmã atualmente vive na Nova Zelândia. Vera casou-se em 1949 e teve três filhos. Ela ainda vive na Inglaterra.

GRANDES QUESTÕES

APRENDER A RESPEITO DO HOLOCAUSTO responde a muitas perguntas, mas muitas outras permanecem... Alguém que agiu mal pode realmente dizer: "Eu estava apenas seguindo ordens"? Devemos julgar o modo como as pessoas se comportaram no Holocausto, como as vítimas que não resistiram aos nazistas ou as pessoas que não ajudaram? E sobre comprar mercadorias de empresas que se beneficiaram do regime nazista, ou usar remédios desenvolvidos por médicos nazistas? Devemos perdoar? Podemos esquecer? O que podemos fazer para evitar que algo como o Holocausto volte a acontecer?

Os sobreviventes falam

No início, pouquíssimos sobreviventes do Holocausto podiam falar sobre seu sofrimento, especialmente a estranhos. Mas, quando eles ouviram pessoas negando que o Holocausto realmente tenha existido, muitos sentiram que deviam falar. Uma escola no Tennessee convidou este sobrevivente para falar às crianças. Elas descobriram que conhecer e aprender sobre uma pessoa é mais valioso do que ler os fatos sobre milhões.

As igrejas e o Holocausto

Embora ainda existam igrejas que pregam crenças tradicionais sobre os judeus, algumas alteraram suas visões. A relação entre judeus e cristãos está mais próxima do que em décadas recentes. Em 2006, o Papa Bento XVI visitou Auschwitz (à esquerda). O Papa anterior, João Paulo II, também visitou o campo e se desculpou pelo fato de crenças cristãs terem causado sofrimentos aos judeus.

Negação do Holocausto

A despeito dos fatos sobre o Holocausto, ainda há indivíduos e grupos antissemitas que defendem que ele nunca aconteceu, ou que se tem exagerado a respeito do que foi. Na Grã-Bretanha, em 2000, o escritor David Irving, que negava ter havido o Holocausto, perdeu na justiça contra a historiadora Deborah Lipstadt (acima) e a editora desta, depois de acusá-la de calúnia e difamação.

Lições não aprendidas
Mais de 60 anos depois do Holocausto, nada aconteceu em escala semelhante. Entretanto, ainda existem um indisfarçado racismo e atos de genocídio em muitas partes do mundo. Na Europa e na América do Norte, grupos neonazistas adotam a linguagem e o estilo dos nazistas, como nesta demonstração em Olympia, Washington.

Nunca mais
Os horrores do Holocausto deram determinação a muitos indivíduos e grupos para trabalharem por um mundo mais pacífico e amoroso, evitando a ocorrência de novos genocídios. Além disso, judeus, individualmente e em grupo, perceberam a importância de defender a comunidade judaica. O *slogan* na camiseta desta garota – "Nunca mais" ("Never again", em inglês) – reafirma o compromisso de impedir que qualquer coisa parecida com o Holocausto ocorra novamente.

Voltando a fazer o bem
Nem todos os nazistas eram alemães. Nem todos os alemães eram nazistas. A Alemanha revogou todas as leis nazistas e extinguiu os sistemas social e político do nazismo em um processo chamado de "desnazificação". Também começou a consertar o que havia feito de errado por meio de vários projetos. Muitos jovens alemães sentem-se responsáveis pelo que seu país fez. Este grupo é parte de um projeto para restaurar cemitérios judaicos na Europa Oriental.

Vozes do passado
Em 1942, Petr Gens, com 14 anos de idade, foi deportado para Theresienstadt. Ele era interessado em astronomia e em ciências, além de gostar de artes. Este desenho dele, *Paisagem Lunar*, mostra sua visão da Terra vista das crateras da Lua. Ele desenhou a Terra como a Lua aparece para nós – pacífica e cheia de luz. Em 1944, Petr foi morto em Auschwitz. Seu desenho sobreviveu para nos desafiar e nos inspirar.

"Eu tenho tentado manter minha memória viva... Tenho tentado combater aqueles que prefeririam esquecer. Porque se nós esquecermos, nós somos culpados, somos cúmplices."

Elie Wiesel, discurso do Prêmio Nobel, 1986

Floresta de estelas (lajes de rocha) na entrada do Hall das Crianças Assassinadas, no Memorial do Holocausto de Israel, Yad Vashem

Aliados
Nações que se juntaram aos britânicos para combater os alemães nazistas durante a II Guerra Mundial, incluindo a União Soviética, os Estados Unidos e a França.

Anexação de território
Adição de terras a um território já existente.

Anschluss
Termo alemão usado para descrever a tomada da Áustria pelos alemães, em 1938, significa "unir".

Antissemitismo
Forma de racismo baseada em ódio e preconceito contra judeus.

Ariano
Termo usado pelos nazistas para descrever pessoas que acreditavam ser de sangue alemão puro – uma raça superior de gente branca, com cabelos loiros e olhos azuis.

Blitzkreig
Palavra em alemão para "guerra relâmpago" – uma campanha militar intensa com o objetivo de obter resultados rápidos. O termo *Blitz* foi usado para descrever ataques aéreos alemães sobre Londres em 1940 e 1941.

Challah
Um pão trançado tradicionalmente comido em cerimônias de *Shabat* e em feriados, salpicado de sementes de papoula para decorar a massa do pão.

Campos de concentração
Campos de prisões construídos para comportar um grande número de presos políticos.

Campos de extermínio
Campos construídos para exterminar internos com rapidez e eficiência.

Campos de trabalho forçado
Campos prisionais cujos internos eram sujeitados a pesados trabalhos forçados.

Campos de trânsito
Campos onde internos eram detidos temporariamente antes de serem reconduzidos a outros locais.

Comunismo
Teoria política que advoga uma sociedade em que a propriedade é de posse coletiva e cada pessoa é remunerada de acordo com suas necessidades. Aquele que a apoia é chamado comunista.

Crematório
Uma edificação com enormes fornos para incinerar cadáveres.

Einsatzgruppen
Esquadrões móveis nazistas de extermínio, formados pela SS para acompanhar o exército alemão nas conquistas de territórios da Europa Oriental, juntar e matar judeus.

Emancipação
Um período de libertação contra ideias tradicionais; também um estado de libertação de restrições e controle.

Fascismo
Um sistema de governo forte, com um líder de forte apelo carismático, que se empenha na reconstrução da nação. Aquele que apoia o fascismo é chamado fascista.

França de Vichy
Área do sul da França ocupada pelos alemães entre 1942 e 1945.

Genocídio
Tentativa deliberada de destruir um grupo nacional, religioso ou étnico, em todo ou em parte.

Gentio
Um indivíduo que não é judeu.

Gestapo
Polícia secreta da Alemanha nazista.

Governo Geral
Nome dado a certas áreas da Polônia ocupadas pela Alemanha em 1939, mas não incorporadas pelo Terceiro Reich.

Gueto
Área da cidade onde judeus eram forçados a viver amontoados em condições desumanas, durante o domínio nazista.

Hebraico
Língua falada em Israel hoje. Também usado para se referir a um membro da tribo originária da antiga Palestina (hebreu).

Holocausto
O assassinato em massa de judeus e outras minorias pelos nazistas entre 1933 e 1945.

Idade Média
Período da história europeia entre os séculos V e XV. Também conhecido como Era Medieval.

Iídiche
Língua tradicional dos judeus da Europa Oriental, baseada no alemão, hebraico e em muitas outras línguas modernas, incluindo polonês e russo.

Iluminismo
Filosofia europeia do século XVIII que enfatizava a razão e o individualismo no lugar da tradição.

Israel
Estado judaico moderno localizado no Oriente Médio, estabelecido em 1948. A "Terra de Israel" também é o nome

tradicional para a nação dos antigos hebreus (de 930 a.C até 721 a.C).

Judenrat
Conselho judaico criado pelos nazistas para administrar os guetos durante a II Guerra Mundial.

Kapo
Prisioneiro de campo de concentração que supervisionava outros prisioneiros, pelo que ele ou ela recebia privilégios.

Kindertransport
Evacuação massiva de crianças da Alemanha para a Grã-Bretanha em 1938.

Kristallnacht
Do alemão, significa "Noite dos cristais". Foi uma explosão de violência contra os judeus e suas propriedades na noite de 9 para 10 de novembro de 1938.

Países do Eixo
Nome dado à aliança entre Alemanha e Itália, e posteriormente Japão, durante a II Guerra Mundial.

Palestina
Tradicionalmente, é a área do Oriente Médio que incluía os países hoje chamados Israel e Jordânia. Atualmente, é o nome dado às áreas da Cisjordânia e de Gaza.

Partido Nazista
Partido Nacional-Socialista dos Trabalhadores Alemães, liderado por Hitler. O Partido acreditava em forte liderança militar para impor políticas nacionalistas, racistas e antissemíticas.

Partisan
Combatente da resistência operando por trás das linhas inimigas.

Pessoas deslocadas (PD)
Pessoas que são apátridas (sem um país a que pertençam) após o fim da guerra.

Pogrom
Ataque organizado e geralmente encorajado oficialmente contra minorias.

Propaganda
Informações – por vezes falsas ou parcialmente falsas – utilizadas para influenciar a opinião de outros.

Purim
Feriado que comemora a salvação dos judeus persas do plano de Hamã para exterminá-los, no antigo Império Persa.

Putsch
Uma tentativa repentina de revolução política ou levante violento, termo oriundo da palavra para "impulso" ou "sopro".

Reichstag
Nome do Parlamento Alemão.

Reparações
Reparação de malfeito cometido por uma nação contra outra, incluindo pagamentos ou compensação a danos por guerra.

Romani
Nome de um grupo de pessoas nômades, a quem geralmente se refere pelo termo pejorativo de "ciganos".

Shtetl
Pequena cidade ou vila de judeus na Europa Oriental e na Rússia.

Sinagoga
Edificação utilizada para estudos religiosos, cerimônias religiosas e comemorações judaicas.

Sinti
Pessoas nômades da Europa, próximos dos romani.

Sionismo
Movimento para o reestabelecimento e desenvolvimento de uma nação judaica na áreas onde é situado hoje o Estado de Israel.

Social-democracia
Ideologia política de mudança gradual e pacífica para um sistema do socialismo (propriedade estatal) por meios democráticos (eleições livres). Um indivíduo que apoia a social-democracia é um social democrata.

Solução Final
Termo nazista para o plano de extermínio de todos os judeus da Europa – a solução ao que eles pensavam ser o "problema judeu".

Sonderkommando
Prisioneiros dos campos de extermínio que eram forçados a remover cadáveres das câmaras de gás para cremação ou enterro. Termo originário da palavra em alemão *sonder*, que significa "especial".

SPD
Sigla em alemão para *Sozialdemokratische Partei Deutschlands*, Partido Social Democrático.

SS
Abreviação da palavra em alemão *Schutzstaffel*, que significa "esquadrão de proteção". A SS começou como a guarda pessoal de Hitler e cresceu até se tornar uma enorme corporação, responsável pelos campos de concentração e outros assuntos radicais.

Tchecoslováquia
Até 1993, os dois países conhecidos como República Tcheca e Eslováquia foram unidos sob o nome de Tchecoslováquia. Entre 1939 e 1945, a Tchecoslováquia foi dividida entre Boêmia, Morávia e Eslováquia.

Terceiro Reich
Período do governo alemão compreendido entre 1933 e 1945, termo em alemão que significa "Terceiro Império".

Torá
Escritas sagradas dos judeus, usadas em sinagogas na forma de pergaminhos.

Tropas de assalto
Também conhecidas como Camisas Pardas, força usada pelo Partido Nazista para ajudar Hitler a chegar ao poder.

União Soviética
Nome dado ao Império Russo após a revolução de 1917 e abreviação para União das Repúblicas Socialistas Soviéticas (URSS). Em 1991, quando a União Soviética entrou em colapso, a área se tornou conhecida como a Comunidade dos Estados Independentes (CEI).

GLOSSÁRIO

A

Acampamentos familiares, *partisaas* 135
Administração das Nações Unidas para Assistência e Reabilitação (ANUAR) 153
Agência judaica 119
Água nos campos 105
Aktion Reinhard 90
Aktion T4 80
al-Husseini, Muhammad Amin, Grande Mufti de Jerusalém 97
Albânia 121, 125, 157
Alemanha:
   I Guerra Mundial 30-31, 32
   II Guerra Mundial 54-5
   antissemitismo 24, 26, 46-7
   ascensão do nazismo 28-9, 30, 33-41
   campos de concentração 80, 82-3
   desnazificação 183
   emancipação dos judeus 21
   esforços de resgate 125
   invasão da Hungria 112
   judeus asquenazitas 14-15
   libertação dos campos 146-51
   marchas da morte 140-43
   o Terceiro Reich 37, 42-3, 44
   pacto de não agressão com a URSS 85
   propriedades roubadas e compensação 172-3
   reforma do judaísmo 20
   rendição 144
   sobreviventes do Holocausto 157
   tratado de Versalhes 31
   zonas de ocupação 152
Aliados 132-3, 186
   campos de pessoas deslocadas 152-3
   julgamentos de crimes de guerra 168-71
   libertação dos campos 144-5
   Ver também Grã-Bretanha, União Soviética, EUA
Alliance Israélite Universalle 12
Alsácia-Lorena 30
Altneu Shul, Praga 14
Anexação de território 186
Anschluss 43, 186
Antissemitismo 186
   ascensão do 46-7
   depois da guerra 164
   história do 24-7
   Hitler e 32-3
   Kristallnacht (Noite dos Vidros Quebrados) 46, 48-51
   leis 43, 47, 50
   na Espanha 11
   na Hungria 112-13
   na União Soviética 84
   negação do Holocausto 182
Antin, Mary 18
Antonescu, general Ion 88
Árabes 117, 156
Argentina 169
Arianos 34, 35, 45, 186
Armênios 30, 125
Arquitetura 44
Arquivos 163
Arte: Hitler bane arte moderna 44
   judaica 23
   nos campos de extermínio 137
   nos guetos 67
   pelos sobreviventes 165
   propriedades roubadas 172
Asilo 116
Assuero, rei da Pérsia 10
Atachi 101
Auschwitz 92-3, 102, 108-9
   câmaras de gás 171
   campos de trânsito 99
   condições de vida 104, 105
   julgamentos de crimes de guerra 168
   libertação 138-9, 144, 145, 150
   local atualmente 174, 175
   marcha da morte 140
   sobreviventes 164
   subcampos 94
   telegrama de Riegner 132
   tentativas de fuga 137
   visita de Bento XVI 182
Áustria: campos de concentração 80, 82
   emigração forçada 116
   esforços de resgate 125
   ocupação nazista 28, 43
   sobreviventes do Holocausto 157
Autobahns 37

B

Babi Yar 85
Babilônia 10, 11
Bacon, Yehuda 165
Baer, Fred 41
Balkenende, Jan Peter 97
Bandeira nazista 34-5
Barbie, Klaus 169
Bass, Leon 148
Bélgica 96, 125, 157
Belsen *ver* Bergen-Belsen
Belzec 90, 102, 103, 144
Ben Yehudah 21
Bento XVI, Papa 182
Bergen-Belsen 82
   covas coletivas 150
   julgamentos de crimes de guerra 168
   libertação 144, 145, 150, 151, 154, 162
Berlim 120, 131, 172
   comícios nazistas 36
   Memorial do Holocausto 176-7
   o incêndio do Reichstag 37
Berman, Zipporah 71
Bernadotte, conde Folke 12
Besht 17
Bessarábia 89
Beyazit II, sultão 11
Bialystok 71
Bielorrússia 11, 71, 125, 135
Bielski, irmãos 135
Bielsko 140
Birkenau 108, 110-11, 112, 119
   câmaras de gás 109
   local atualmente 175
   mural 137
   tentativas de fuga 137
Biró, Mihály 112
Blake, William 20
Bletchley Park 132
Blitz de Londres 55
Blitzkrieg 55, 186
Boleslau, rei da Polônia 11
Bonhoeffer, Dietrich 131
Bordeaux 124
Boren, Claire 128, 179
Bormann, Martin 168
Bósnia 125
Brand, Joel e Hansi 119
Brasil 125
Brihah 153, 156

Bucareste 89
Buchenwald 82
   condições de vida 83
   libertação 144, 151, 158
   marchas da morte 141
   memoriais 175
Bucovina 89
Budapeste 20, 71, 113
Bulgária 88, 125, 157
Bund 84

C

Caçadores de nazistas 168, 169
Calarasi 89
Câmaras de gás 80, 102, 103, 109, 171
Camisas pardas *ver* tropas de assalto
Campo de trânsito de Westerbork 98, 101
Campo DP de Wittenau 155
Campos de concentração 80, 186
   condições de vida 83, 104-7
   libertação 138, 144-51
   locais atualmente 174-5
   marchas da morte 140-43
   na Alemanha 82-3
   trabalho forçado 94
   Ver também Auschwitz, Dachau
Campos de detenção 156
Campos de extermínio 94, 102-3, 186
   câmaras de gás 80, 102, 103, 109, 171
   condições de vida 104-7
   segurança 102
   sobreviventes 136-7
   Solução Final 90
   telegrama de Riegner 132
   transporte para 71-4, 78-9
Campos de pessoas deslocadas (PD) 152-5, 157, 186
Campos de trabalho forçado 28, 94-5, 187
Campos de trânsito 98-101, 187
Campos *ver* campos de concentração; campos de extermínio; campos de pessoas deslocadas; campos de trabalho forçado; campos de trânsito
Canadá 157
Carmelly, Felícia 101, 178
Cartazes de propaganda 44, 45
"Casa de Vidro" de Budapeste 113
Casamentos 13, 154
Catarina, a Grande, imperatriz da Rússia 16
Centro de Recursos do Holocausto 177
Chagall, Marc 16
Chamberlain, Neville 54
Chelmno 102, 103, 144
Chernovtsy 71
Chile 125
China 125, 155
Chipre 156
Ciência 22
Cohen-Rodriguez, Michelle 51, 100, 181
Colaboração com os nazistas 96-7
Comício "Parem Hitler agora" (1943) 133
Comícios em Nuremberg 34-5, 38-9, 44
Comícios nazistas 34-5, 36, 44
Comida:
   nos campos 83, 105
   nos guetos 62-3
   partisans 135
   programas de alimentação 150
   racionamento 65

roubo 136
Comitê Conjunto Judaico-Americano de Distribuição (JDC) 63, 118, 153
Comitê de Resgate *Vaad ha-Hatzala* 118
Comitê Internacional de Resgate 22
Compensação 172-3
Comunismo 32, 37, 53, 84, 131, 186
Conferência de Bermudas (1943) 118
Conferência de Evian (1938) 116
Conferência de Wansee (1942) 90, 91
Congresso Judaico Americano 133
Contrabando nos guetos 62-3
Covas coletivas 81, 85, 150
Crematórios 103, 109, 186
Creta 157
Crianças: deportação dos guetos 71
   escondidas por cristãos 131
   juventude Aliyah 119, 164
   Kindertransport 114-15, 120-23
   libertação de Auschwitz 145
   orfanatos 64, 66
   rastreando as famílias 165
Cristandade: "libelos de sangue" 24, 47
   antissemitismo 22, 24
   e os guetos 58
   esforços de resgate 120, 130-31
   massacre armênio 30
   perseguição aos judeus na Espanha 11
   relações judaico-cristãs 182
Croácia 125
Cruz Vermelha 99, 121, 163
Cruzadas 24
Cuba 117

D

Dachau 42, 82, 137
   experiências médicas 83
   libertação 144, 146-7
   marchas da morte 141
   trabalho forçado 95
Danúbio, rio 113
Danzig 157
decodificação, Bletchley Park 132
Deportações: judeus húngaros 112-13
   o Plano Europa 119
   para os campos de extermínio 71-4, 78-9
Der Stürmer 47
Desemprego 36
Deuel, Tamara 165
Dia Memorial do Holocausto 176
Dinamarca 121, 125, 157
Dinheiro: fontes de empréstimo 22
   hiperinflação 32
   nos guetos 64
   roubado das vítimas 95
Distintivos 47, 59, 95, 113
Doenças: nos campos 105, 150, 162
   nos guetos 63, 64
   partisans 135
Dohany Street, sinagoga da, em Budapeste 20
Drama 23
Drancy, campo de trânsito de 99
Dreyfus, o caso 25
Dvoichenko-Markov, Demetrius 170

E

Economia, Grande Depressão 36
Eden, Vera 143, 181
Édito de tolerância (Alemanha) 21
Eduardo I, rei da Inglaterra 15
Eichmann, Adolf 91, 119, 169, 171
Einsatzgruppen 81, 84, 87, 186
Einstein, Albert 22

Eisenhower, Dwight D. 148
Emancipação 21, 22, 59, 186
Emigração 11, 23, 116-17, 153, 156
Enigma, máquina 132
Era das Trevas 20, 186
Escolas 12, 17, 65, 154
Esforços de resgate: escondendo e ajudando judeus 124-9
  esforços judaicos 118-19
  Kindertransport 114-15, 120-23
  partisans 134-5
Eslováquia 119, 125
Eslovênia 125
Espanha 11, 12-13, 124, 125
Esportes 52
Estação X 132
Estados Unidos da América: II Guerra Mundial 54, 55
  auxílio aos guetos 63
  esforços de resgate 118, 125
  Grande Depressão 36
  Imigração para 153, 156
  Memoriais ao Holocausto 177
  Neonazistas 183
  Propriedades roubadas 172
  Reação ao Holocausto 132-3
  Refugiados judeus 116, 117, 118
  Sobreviventes do Holocausto 157
  Zona de Ocupação 152, 153
  Ver também Aliados
Estereótipos de judeus 47, 96
Esterilização 45
Esther 10
Estônia 90, 125
Estradas 37
Estrela de Davi 32, 47, 113
Europa Oriental: fuga da 153
  Iluminismo 21
  partisans 134-5
  pogroms 25
  shtetl 16-19
Exodus (navio) 156

F
Fábrica IG Farben 109
Fábricas, nos guetos 65
Fantl, Pavel 65, 105
Fascismo 32, 34, 186
Filmes: notícias em filmes 133
  propaganda 44, 45, 67, 162
  sionistas 117
Finlândia 157
Firestone, Renée 107, 167, 180
Flinker, Moshe 129
Florence 13
Florestas, fuga para 126-7, 134-5
Flossenbürg 82
Föhrenwald, campo de pessoas deslocadas de 155, 157
Foley, Frank 120
França de Vichy 96, 187
França: I Guerra Mundial 30
  antissemitismo 25
  campos de trânsito 99
  colaboracionismo com os nazistas 96
  emancipação dos judeus 21, 59
  esforços de resgate 124, 125
  guetos 58, 59
  libertação 144
  sobreviventes do Holocausto 157
Frank, Anne 125, 128
Frank, Hans 171
Frankel, Leslie 38
Freud, Sigmund 23
Führer 37, 186

G
Gás Zyklon B 103, 109, 171, 175
Gêmeos, experiências médicas com 109
Genocídio 186
Gens, Petr, Paisagem Lunar 183
Gens, Yakob 70
Geórgia 125
Gestapo 42, 91, 169, 186
Gissing, Vera 123, 181
Glik, Hirsh 134
Goebbels, Joseph 44, 46, 52, 168, 171
Goering, Hermann 170, 171
Golden, Diana 167, 179
Golem 14
Governo Geral 54, 186
Grã-Bretanha: II Guerra Mundial 54, 55
  e comunidade judaica 15
  e Palestina 116, 117, 118, 156
  e refugiados judeus 116, 118, 119
  esforços de resgate 125
  Kinderstransport 114-15, 120-21
  reação ao Holocausto 132-3
  sobreviventes do Holocausto 157
  Ver também Aliados
Graber, Dawid 77
Grécia 121, 125, 157
Greenblatt, Harry 68, 179
Gruber, Ruth 40
Grupos de jovens 34, 66
Gryn, Hugo 19
Guarda de Ferro, Romênia 88-9
Guardas 104, 105, 151
Guerra Árabe-Israelense (1948) 157
Guerra Mundial, I 30-31, 32
Guerra Mundial, II: colaboração com os nazistas 97
  deflagração 54-5
  final da 138-57
  libertação dos campos 144-5
Gueto da Cracóvia 67
Gueto de Łódź 59, 61, 65, 69
  deportações 70
  dinheiro 64
  passarela 56-7
  população 71
  romani 63
  vans-câmaras de gás 103
Gueto de Varsóvia 58
  Arquivos de Ringelblum 76-7
  Contrabando 63
  Deportações 70
  Esforços de resgate 125
  Levante 74-5, 176
  Orfanatos 66
  População 71
  Trabalho 65
Gueto de Veneza 58, 59
Guetos 56-7, 186
  arquivo de Ringelblum 76-7
  história 58-9
  levante de Varsóvia 74-5
  liquidação 70-3
  organização nos 64-5
  vida nos 62-3, 66-9

H
Hanukkah 11, 98
Hart, Sigi 51, 158, 180
Hartman, Jan 140
Haskláh (Iluminismo) 21
Hassidismo 17
Hausner, Gideon 171
Heder (sala de aula) 17
Herrlisheim 25
Hersh, Peter 18, 69, 72, 106, 143, 159, 166, 181
Herz, Y.S. 49
Herzl, Theodor 25
Heydrich, Reinhard 81, 84, 90
Hilton, Leonie 51, 180
Himmler, Heinrich 91, 168, 171
Hindenburg, Paul von 36
Hitler, Adolf 97
  II Guerra Mundial 54-5
  acordo de Locarno, e o 31
  antissemitismo 32-3
  ascensão ao poder 33-41
  ascensão do nazismo 28-9
  culto a 35, 37, 42
  Igreja Católica 130
  Jogos olímpicos 52
  massacre armênio, e o 30
  Mein Kampf 33, 44
  propriedade roubada 33-41
  suicídio 162, 168
Hoess, Rudolf 93, 171
Holanda: campos de trânsito 98
  colaboracionismo com os nazistas 97
  esforços de resgate 125
  sobreviventes do Holocausto 157
Homossexuais 53, 163
Horthy, Almirante 112
Hospitais nos guetos 64, 66
Humilhação pública 46
Hungria 88, 119
  antissemitismo 112-3
  esforços de resgate 124-5
  guetos 59, 71
  propriedade roubada 172
  sinagogas 20
  sobreviventes do holocausto 157
Hurban (destruição) 177

I
IBM 173
Idade Média 22-3, 58-9, 187
Idiomas: hebraico 21, 186
  iídiche 14, 187
  ladino 12
Igreja Católica 130
Igreja Confessionária 131
Igreja Evangélica Alemã 131
Igreja Protestante 131
Iluminismo 20, 21, 186
Império Otomano 11, 30, 117
Inanição 62-3, 66, 83
Inflação na Alemanha 32
Innsbruck 43
Instituto Hartheim 80
Instituto Histórico Judaico (Varsóvia) 77
Irving, David 182
Islã 12, 24, 97
Israel 186
  criação do Estado de 156-7
  Juventude Aliyah 164
  memoriais 176
  origens dos judeus 10
  serviço secreto 169
  sionismo 21, 117
  sobreviventes do Holocausto 157
Itália: esforços de resgate 125
  fascismo 32, 34
  fuga da 13
  guetos 58-9
  judeus escondidos 124
  sobreviventes do holocausto 157
Iugoslávia 121, 157

J
Japão 55, 124-5
Jerusalém 10-1
  Grande Mufti 97
  memoriais 176-7, 184-5
  sionismo 21
"Jerusalém na floresta" 135
Jesus Cristo 24, 35
João Paulo II, Papa 175, 182
Jogos Olímpicos (1936) 52
Jósefów 81
Judaísmo: depois da libertação 155
  hassidismo 17
  nos guetos 67
  Ver também sinagogas
Jundaraete (conselhos judaicos) 64-5, 186
Judeus asquenazitas 14-15
Judeus assimilados 47
Judeus escondidos 124-9, 131
Julgamentos de crimes de guerra 168-71
Julgamentos de Nuremberg 169
Julgamentos dos crimes de guerra 168-71
Justos Dentre as Nações (Righteous Among the Nations) 24, 125, 177
Juventude Aliyah 119, 164, 165

K
Kafka, Franz 22
Kaiser 186
Kielce 153
Kiev 85
Kindertransport 114-5, 120-23, 186
Korczak, Janusz 60, 66, 70
Kovner, Abba 134
Kovno 71
Kramer, Josef 168, 170
Kristallnacht (noite dos vidros quebrados) 46, 48-51, 116, 120, 186
Krueger, rabino 124

L
Lambrichts, René 96
Landsberg 155
Lanzinger, Hubert 42
Le Chambon-sur-Lignon 124
Lebensraum (espaço vital) 43
Leis antissemitas 43
Leis de Nuremberg 43, 88
Lentini, Julia 159, 179
Less, Peter 171
Lessing, Gotthold Ephraim 20
Letônia 71, 125
Levi, Primo 110
"Libelos de sangue" 24, 47
Lipstadt, Deborah 182
Literatura 22
Lituânia 11, 124
  colaboracionismo com nazistas 96
  esforços de resgate 125
  guetos 71
  partisans 135
Łódź 66, 164
Loew, rabino 14
Long Island High School 177
Lublin 71
Luther, Martin 26
Luxemburgo, Rosa 23
Luxemburgo 125, 157
Lvov 71
Lyon 169

M
Macedônia 125
Madagascar 90
Maimônides 12
Majdanek 94, 102
  crematório 103
  libertação 140, 144
  local nos dias de hoje 174-5
Marburg 24
Marchas da morte 113, 140-43
Marchas da morte 113, 140-3
Marks & Spencer 22
Marks, Michael 22
Marrocos 12
Marselha 156
Massacre de Iasi 89
Massacres: armênio 30
  Babi Yar 85
  na Romênia 88-9
  pogrom 25, 187
Mauthausen 80, 82, 83, 144, 160-1
Medicina: experiências médicas 83, 109, 145
  libertação dos campos 150
  médicos judeus 22, 47
Médicos: judeus 22, 47
  libertação dos campos 150
  nos guetos 64, 66
Memoriais 174-7, 184-5
Mendelsohn, Moses 20
Mendes, Aristides de Sousa 124
Mendes, Gracia 12
Mengele, dr. Josef 108
Migração 11, 23, 116-17, 153, 156
Minsk 71
Modigliani, Amedeo 23
Mogilensky, Emma 41, 122, 179
Moisés 12
Moldávia 125
Monowitz 108, 109
Monóxido de carbono, câmaras de gás de 103
Muçulmanos 12, 24, 97
Mueller, Ludwig 131
Munique, acordo de (1938) 54
Munique, *putsch* da cervejaria (1923) 33
Museus do Holocausto 177
Música 23, 67, 134
Mussert, Anton 97
Mussolini, Benito 32, 37
Mutinsk, cabo Larry 147

N
Nações Unidas 156, 157
Namering 151
Napoleão, imperador 59
Newton, Isaac 20
Niemöller, Pastor Martin 131
Norte da África 13
Noruega 97, 125, 157
Nova York 133, 177
Número de mortes 163
Números: prisioneiros de campos de trabalho 95
  tatuados 109, 164
Nuremberg Chronicle 26-7
Nussbaum, Felix 105

O
O Triunfo da Vontade (filme) 44
Odessa 21, 88, 89
Olère, David 102, 104, 136
Operação Barbarossa 55
Oranienburg 105
Orfanatos nos guetos 64, 66

ÍNDICE REMISSIVO

Organização de Luta Judaica (ZOB) 75
Organização para Reabilitação e Treinamento (ORT) 155
Orquestras nos guetos 67
Os Protocolos dos Sábios de Sião 25
Oster, Henry 69, 179
Ouro roubado 172
Owens, Jesse 52
Oyneg Shabbes (Delícias do Shabbat) 76-7

P
Pacto de não agressão germano-soviético (1939) 85
Países Bálticos 59, 157
Palestina 187
   assentamento judaico na 119
   emigração para a 89, 153
   Grã-Bretanha e 116, 117, 118, 156
   plano de partilha 156, 157
   sionismo 117
Pallares, Renée 155
Parita (navio) 119
Partido da Cruz Flechada 113
Partido dos Trabalhadores Alemães 33
Partido Nazista 187
   II Guerra Mundial 54-5
   antissemitismo 32-3, 46-7
   apoio popular 34-5
   arquivos 162, 163
   ascensão ao poder 28-9, 30, 32-41
   cadeia de comando 91
   campos de extermínio 102-3
   campos de trânsito 98-101
   colaboracionismo com 96-7
   desnazificação 183
   destruição de evidências 162
   e a liberação dos campos 151
   formação do Partido 33
   guetos 56-9, 62-5, 68-77
   julgamentos de crimes de guerra 168-71
   levante do gueto de Varsóvia 74-5
   marchas da morte 140-43
   neonazistas 183
   política de emigração 116, 119
   propaganda 44-5, 162
   propriedades roubadas 172-3
   saudação 34
   solução Final 90-91
   suástica 35
   vítimas 52-3
Partido Social Democrata (SPD) 32, 187
Partisans 134-5, 187
Passagem (*Pessach*) 8-9, 10, 75
Passaportes 47
Pathé Gazette 133
Pátria (navio) 117
Pérsia 10
Pessoas portadoras de deficiência física 53
Pio XIII, Papa 130
Piolhos 105, 135, 150
Plano Europa 119
Plaszóvia 80, 175
Pletcher, capitão J. D. 149
Poderes do Eixo 187
Pogroms 25, 187
Polícia nos guetos 64
Polícia, judeus e a 23
Polônia 11
   campos de extermínio 80, 102-3, 108-9
   campos de trabalho 94
   esforços de resgate 125

germanização dos poloneses 52
guetos 56-7, 59, 63, 7
libertação dos campos 140, 144
shtetl 17
sobreviventes 153, 157
Solução Final 90
Zonas de Assentamento 16, 58
Popowski, Diane 155
Porrajmos (devastação) 177
Portugal 12, 118, 125
Povo negro 45, 52
Praga 14
Prêmio Nobel 22
Propaganda 44-5, 162, 187
Propriedades roubadas 172-3
Protocolos de Auschwitz 133
Psicanálise 23
Purim 155
Putsch 33, 187
Putt, Lola 107, 180

Q
Quakers 120, 131
Quebra de Wall Street (1929) 36
Queima de livros 46
Quinn, coronel William W. 146
Quisling, Vidkun 97

R
Rab, ilha de 121
Rabinos 118, 155
Racionamento de comida 65
Radasky, Solomon 164
Radek, Aniela Ania 106, 178
Rádio 132
Rappaport, Nathan 177
Rashi de Troyes 15
Ravensbrück 82, 121, 144
Recenseamento judeu (Alemanha, 1916) 30
Reforma no judaísmo 20
Refugiados 116-17
   campos de pessoas desalojadas 152-5
   destinos 156-7
   esforços de resgate 120-21
Reichstag (Berlim) 28-9, 37, 187
Religião *ver* Cristianismo, Islã, Judaísmo
Reparações 31, 187
República 187
República de Weimar 34
República Tcheca 125
Resistência:
   nos guetos 66-7, 74-5
   partisans 134-5
Revolução 187
Revolução Francesa 20, 21
Revolução Russa 84
Rhodes 157
Ribbentrop, Joachim Von 170
Richmond, Eric 122, 178
Riefenstahl, Leni 44, 162
Riegner, Gerhart 132
Riegner, telegrama de 132
Riga 71
Ringelblum, Emmanuel 76, 77
Ringleblum, o arquivo de 76-7
Rio Reno 11
Rio Ródano 11
Rio Vístula 11
Robota, Rosa 137
Rodovias 37
Roma 124, 130
Romances 22
Romani 45, 52, 187
   massacre dos 88, 163

memoriais 175
   nos campos de extermínio 102
   nos guetos 63
   queixa contra a IBM 173
Romanos 10
Romênia: esforços de resgate 125
   guetos 59, 71
   judeus na 88-9
   refugiados 119
   sobreviventes do Holocausto 157
Roosevelt, Franklin D. 118
Ross, Henryk 61, 65
roupas: estrela amarela 47, 50, 51
   nos campos 95, 109
Rubinstein, Arthur 23
Rudnitzki-Yuker, Rachel 135
Rumkowski, Haim 64, 70
Rumstein, Thea 50, 69, 73, 181
Rússia 84
   Iluminismo 21
   pogroms 25
   shtetl 16-19
   Zona de Assentamento 16, 58
   Ver também União Soviética

S
Sabotagem por *partisans* 134
Sacerdoti, dr. Vittorio 64
Sachsenhausen 82
salas de aula 17
Sandbrand, Jacob 149
"Sangue por caminhões" 119
Saudação nazista 34
Schindler, Oskar e Emilie 125
Schondorf, Mayer 142, 180
Schuster, Bernard 19, 178
Sefaradi, judeus 11, 12-13, 15
Seksztajn, Gela 76
Sendler, Irena 125
Sérvia 121, 125
Serviço Internacional de Localização 163
Shabbat 17
Sho'ah (catástrofe) 177
Shtetl 16-19, 187
Silberberg-Skier, Rose 73, 180
Sinagoga de Westminster, Londres 162
Sinagogas 187
   Altneu Shul, Praga 14
   Kristallnacht (A noite dos vidros quebrados) 46, 48-51
   na *shtetl* 17
   reforma no judaísmo 20
   sefaradi 13
   Tarnow 163
Sinagogas neolog 20
Sinti 187
Sionismo 21, 25, 117, 187
Siwek, Wladyslav 109
Sobibor 90, 102, 137, 144
Sobreviventes 166-7
   a busca pela família 155, 164, 165
   campos de extermínio 136-7
   campos de pessoas desalojadas 152-5
   compensações 172-3
   construindo uma nova vida 154-5
   culpa 165
   destinos 156-7
   falando a respeito 182
   filhos dos 165
   novos começos 164-5
"Sobreviventes restantes" 152
Socialismo 33, 37
Sociedade de Apoio à Imigração Judaica (HIAS) 156

Solução Final 90-91, 186
Sonderkommando 187
Speer, Albert 44
Spiegel, Fred 101, 178
Spiegelman, Art 165
SS (*Schutzstaffel*) 187
   comícios em Nuremberg 34-5
   criação 42
   Einsatzgruppen 81, 84, 186
   organização 91
   trabalho forçado 83
SS St. Louis 117
Steinbach, Settela 163
Steyer, Johannes 53
Stroop, general Jürgen 75
Struma 89
Suástica 35, 187
"Subumanos" 45, 52
Sudetos 43, 54
Suécia 121, 124, 125
Sugihara, Chiune e Yukiko 124
Suíça: contas bancárias na 173
   esforços de resgate 113, 124, 125, 131
Szenes, Hannah 119
Szyk, Arthur 134

T
Tatuagens 109, 164
Taxas de emigração 116
Tchecoslováquia 186
   campos de pessoas deslocadas 153
   emigração forçada 116
   guetos 59, 67, 71
   Hitler invade 43, 54
   pergaminhos da Torá 162
   sobreviventes do Holocausto 157
Czerniakow, Adam 70
Teatro 23, 67
Teoria das raças 34, 45
Terceiro Reich 37, 42-3, 44, 187
Terezin (Theresienstadt) 71
   arte em 67
   condições de vida 105
   escola 65
   esforços de resgate 118
   libertação de 144
   morte em 69
   visitas da Cruz Vermelha 99
Terra Prometida (filme) 117
Terra Santa 24
"Terror Branco", Hungria 112
Testemunhas de Jeová 53, 163
Theresienstadt *ver* Terezin
Time, revista 168
Tolkatchev, Zinovi 104, 145, 152
Torá 17, 84, 162, 187
Trabalho escravo 80, 140
Trabalho: desemprego 36
   escravo 80, 140
   forçado 83, 91, 112
   nos guetos 65
Transjordânia 156
Transnístria 88, 89
Transporte até os campos de extermínio 78-9
Trapp, general Wilhelm 81
Tratado de Locarno (1925) 31
Tratado de Versalhes (1919) 31
Treblinka 90, 103
   destruição 144
   destruição de evidências 162
   disfarce 102
   fuga de 74
   local atualmente 174
Trens 78-9, 102, 141

ÍNDICE REMISSIVO

Tribunal Militar Internacional 168	Um violinista no telhado (filme) 17	**V**	Wise, rabino Stephen 132, 133	**Z**
Tropa de assalto 32, 33, 37, 187	União Soviética 187	Van Kollem, Alexander 129, 178	Wrobel, Eta 127	Zegota 125
Troyes 15	II Guerra Mundial 54, 55	Vans câmaras de gás 81, 103		Zona de Assentamento 16, 58
Turquia 125	esforços de resgate 125	Vans, vítimas de asfixia em 818, 103	**X**	Zonas de Ocupação, Alemanha 152
Ver também Império Otomano	guetos 59	Vida cultural 66-7, 155	Xangai 118	
	judeus na 84-5	Viena 46, 71, 116		
U	libertação de Auschwitz 138, 140	Vilna 70, 71	**Y**	
Ucrânia 11, 88	massacres 132	Vistos 117, 120, 124	Yad Vashem 176, 177, 184-5	
esforços de resgate 125	monumentos 175	**W**	Yitzhak, rabino Shlomo (Rashi de Troyes) 15	
guetos 71	sobreviventes do Holocausto 157	Wallenbourg, Raoul 124	Yosselevscka, Rivka 87	
massacre de Babi Yar 85	*Ver também* Aliados; Rússia	Wasser, Hersz 77		
massacre de Odessa 89	Uniformes nos campos 95, 109	Wiesel, Elie 184		
		Williams, William 149		

CRÉDITOS

Diretora de arte: Marilou Prokopiou. **Designers:** Jim Green, Spencer Holbrook, Samantha Richiardi, Smiljka Surla, Jacqui Swan, Nihal Yesil. **Pesquisadores de imagens:** Julia Harris-Voss, Kate Lockley, Jo Walton, Debra Weatherley. **Cartógrafo:** Ed Merritt. **Diretor de projeto – DVD:** Anthony Pearson. **Diretora de design – capa:** Sophia Tampakopoulos-Turner.

A editora agradece às pessoas e instituições abaixo por gentilmente autorizarem a reprodução de suas fotografias:

(Legenda: a-acima; e-embaixo; c-centro; f-fundo; esq-esquerda; d-direita; t-topo)

1 akg-images: Ullstein Bild. 2-3 PunchStock: Stockbyte Platinum. 4-5 akg-images: Juergen Raible. 8-9 Mary Evans Picture Library: (t). 10 akg-images: (c,d); Erich Lessing (t,esq). The Bridgeman Art Library: índice, fórum, Roma, Itália (e). 11 The Art Archive: Galleria Degli Uffizi, Florença/ Dagli Orti (e,d). The Bridgeman Art Library: coleção particular (t,esq). Angela Gluck Wood: (c,d). Zev Radovan/wwwBibleLandPictures.com: (e,esq). 12 Corbis: Peter M Wilson (t,d). Cortesia de Barbara Mendes: (c,esq). Alliance Israelite Universelle: (e,dir). Jorge Vismara: (e,esq). 13 Alamy Images: Orit Allush (e). DK Images: (t). 14 akg-images: (d); Erich Lessing (esq,t). 15 Angela Gluck Wood: (esq,e) (c,d). Foto D. Le Neve: (c,esq). 16 The Bridgeman Art Library: doação de Sam e Ayala Zacks, 1970 para Art Gallery of Ontário, Toronto, Canadá. © ADAGP, Paris e DACS, Londres 2007 (t). 17 akg-images: (e,esq); Ullstein Bild (c,a,esq); United Artists/Álbum (t,esq). Corbis: David Katzenstein (e,d). ArenaPAL: Marilyn Kingwill (a,esq). 21 akg-images: (c,d); Beth Hatefutsoth, Arquivo Fotográfico, Tel Aviv: (a,esq). 22 akg-images: (t); Archiv Klaus Wagenbach (c) (c,e). Corbis: Bettmann (r). Leeds Library and Information Services, McKenna Collection: (e,esq). 23 akg-images: (f,c,d); Nova York, Museu Solomon R. Guggenheim/Erich Lessing (e,esq). Lebrecht Music and Arts Photo Library: (c,d); Laszlo Vámos/ Museu Húngaro de Fotografia(f,c,esq). 24 akg-images: (c,d,r); British Library (e,d); Erich Lessing (t,esq). 25 akg-images: (c,esq). The Bridgeman Art Library: coleção particular, arquivos Charmet (t,d). Instituto de Arte Hassídica/© Rosa Kleinman: (t,esq). Corbis: Bettmann (c,d), Vincent Kessler/Reuters (e). 26-27 The Bridgeman Art Library: Bibliotheque Mazarine, Paris, França, Arquivos Charmet. 28-29 Corbis. 30 akg-images: (t,d) (e,esq); Ullstein Bild (c). 30-31 TopFoto: Albert Harlingue/Roger-Viollet (e). 31 akg-images: Ullstein Bild (t,d). The Bridgeman Art Library: coleção particular, arquivos Charmet (t,esq). 32 akg-images: (c,d); Ullstein Bild (c). Mary Evans Picture Library: (t,esq) (e,esq); coleção particular/ coleção dos Stapleton (t). 33 The Bridgeman Art Library: coleção particular/ arquivos Charmet (e,d). 34 akg-images (e). Corbis: coleção Hulton-Deutsch (c,d). 34-35 Corbis (e). 35 akg-images: Ullstein Bild (t,d). Cortesia do Professor Randall Bytwerk (t,esq). 36 akg-images: (e). Corbis: Bettmann (e,esq). Mary Evans Picture Library: (t). 37 akg-images: (e,esq) (c,d). 38-39 akg-images 42 akg-images: (esq); Erich Lessing (e). 43 akg-images: (e,esq); Ullstein Bild (e). Corbis: Bettmann. 44 akg-images: (esq); Archiv Boelte (c,d); Ullstein Bild (t,d). 45 Mary Evans Picture Library: Weimar Archive (t). United States Holocaust Memorial Museum: cortesia de Marion Davy (c,d). 46 akg-images: Ullstein Bild (e). Corbis: Bettmann (e,d); coleção Hulton-Deutsch (e,esq). 46-47 akg-images: (t). 47 Mary Evans Picture Library: Weimar Archive (c). United States Holocaust Memorial Museum: cortesia de Virginius Dabney (t,d); cortesia de John Meyerstein (e). 48-49 akg-images: Hans Asemissen. 52 akg-images: (e). United States Holocaust Memorial Museum: cortesia de Lydia Chagoll (e,esq); Arquivo Evangélico de Alsterdorf (c,d). 53 Corbis: Bettmann (t,esq). Departamento de Arquivos Históricos, Testemunhas de Jeová, Alemanha: (e,d). Landesarchiv Berlin: (t,d). 54 akg-images: (esq). 54-55 akg-images: (t). 55 akg-images: Ullstein Bild (t,d) and Andrew Wyeth (c,esq). 56-57 United States Holocaust Memorial Museum: cortesia de Zydowski Instytut Historyczny Instytut Naukowo-Badawczy. (c) 58 The Bridgeman Art Library: Alliance Israelite Universelle, Paris, França/ arquivos Charmet (t,d). Corbis: Bettmann. 59 Alamy Images: Cubo Images srl (t,c). Corbis: The Art Archive (t,d). Heidelberg University Library: (t,esq). United States Holocaust Memorial Museum: cortesia de Leon Jacobson. 60-61 Arquivo de Conflitos Modernos: Henryk Ross. 62 akg-images: (t). United States Holocaust Memorial Museum: cortesia de Gila Flam. 63 akg-images: (e). United States Holocaust Memorial Museum: cortesia do Muzeum Sztuki w Lodzi (t,d); cortesia de Jan Kostanski (t,esq); cortesia do Zydowski Instytut Historyczny Instytut Naukowo-Badawczy (c). 64 Corbis:

Christel Gerstenberg (t). Imperial War Museum: (e,d). Cortesia do arquivo fotográfico da Yad Vashem: (c,d) (e,esq). 65 Arquivo de Conflitos Modernos/Chris Boot Ltda.: (e,d). United States Holocaust Memorial Museum: (t). Coleção do Yad Vashem Art Museum, Jerusalem: *Hora da História* de Pavel Fantl (1903-1945), Gueto de Terezin, aquarela em papel em 1942-1944, doação do Comitê pela Documentação de Praga, cortesia de Alisa Shek, Caesarea (e,esq). Cortesia do arquivo fotográfico do Yad Vashem: (c). 66 United States Holocaust Memorial Museum: A doença da fome: pesquisa clínica sobre a inanição feita no gueto de Varsóvia em 1942 (e,esq). 66-67 Cortesia do arquivo fotográfico do Yad Vashem. 67 Museu Judaico, Praga. Cortesia do arquivo fotográfico do Yad Vashem: (t,d). 70 United States Holocaust Memorial Museum: Cortesia de William Begell (c,e); cortesia de Al Moss (e,d); cortesia de Lilli Schischa Tauber (t); cortesia do Zydowski Instytut Historyczny Instytut Naukowo-Badawczy (e,esq). 71 (c) Beit Lohamei Haghetaot /Museu Casa dos Combatentes do Gueto. (t,d). United States Holocaust Memorial Museum: cortesia do Zydowski Instytut Historyczny Instytut Naukowo-Badawczy (e,esq). Cortesia do arquivo fotográfico do Yad Vashem: (c,esq). 74 United States Holocaust Memorial Museum: cortesia de Irving Milchberg (e,esq); cortesia do Zydowski Instytut Historyczny Instytut Naukowo-Badawczy (c,d). 75 Angela Gluck Wood: (t,d). United States Holocaust Memorial Museum: cortesia da National Archives and Records Administration, College Park (esq) (e,d); cortesia do Zydowski Instytut Historyczny Instytut Naukowo-Badawczy (c,d). 76 Instituto Histórico Judaico, Varsóvia: (t) (e,esq) (e,d). 77 Instituto Histórico Judaico, Varsóvia: (e). *Mir Lebengeblibene* (1947), dirigido por Nathan Gross. United States Holocaust Memorial Museum: cortesia do Zydowski Instytut Historyczny Instytut Naukowo-Badawczy (t,esq) (t,c). Cortesia do arquivo fotográfico do Yad Vashem: (c,d). 78-79 akg-images: Ullstein Bild (t). 80 akg-images: Ullstein Bild. United States Holocaust Memorial Museum: coleção fotográfica de Leopold Page (cr); cortesia de Andras Tsagatakis (t,esq). 81 United States Holocaust Memorial Museum: cortesia da Biblioteca do Congresso (t,d); cortesia do KZ Gedenkstaette Dachau (e,esq); cortesia do Zydowski Instytut Historyczny Instytut Naukowo-Badawczy (e,d). Cortesia do arquivo fotográfico do Yad Vashem. 83 akg-images: (e); cortesia da National Archives and Records Administration, College Park (cr). United States Holocaust Memorial Museum: cortesia da National Archives and Records Administration, College Park (t,d), cortesia de Henry Schwarzbaum (t,esq). 84 Corbis: Bettmann (e); Sergei Mikhailovich Prokudin-Gorskii (t). Cortesia do arquivo fotográfico do Yad Vashem: (e,d). 85 United States Holocaust Memorial Museum: cortesia de Julius Schatz (e,d). Cortesia do arquivo fotográfico do Yad Vashem: Hessisches Hauptstaatsarchiv (e,esq). 86-87 akg-images: Ullstein Bild. 88 akg-images: (esq) (d). 89 akg-images: Ullstein Bild (e,esq). © Beit Lohamei Haghetaot/Museu Casa dos Combatentes do Gueto. (t,esq). Stadt Koln-Historisches Archiv: foto: Knapstein (t,d). United States Holocaust Memorial Museum: cortesia de David Stoliar (e,d). Cortesia do arquivo fotográfico do Yad Vashem: (c). 90 Corbis: Arnd Wiegmann/Reuters (e). United States Holocaust Memorial Museum: cortesia de Tine Thevenin (t). 92-93 akg-images: Michael Teller. 94 akg-images: (c,d). 95 akg-images: (esq); Ullstein Bild (e,d). United States Holocaust Memorial Museum: cortesia de Matthaeus Pibal (t,d). 96 akg-images: Ullstein Bild (t,d). Cortesia de CEGES/SOMA: (e,d). TopFoto: Roger-Viollet (c,esq). 97 akg-images: (c) (e); Ullstein Bild (t,d). 98 Cortesia do arquivo fotográfico do Yad Vashem: (c,d). 99 akg-images: Ullstein Bild (esq). Wallstein Verlag: Helga Weissova: Zeichne was Du siehst/Desenhe aquilo que vê. Zeichnungen eines Kindes aus Theresienstadt/Terezin. ed. by Niedersachsicher Verein zur Forderung von Theresienstadt / Terezin e. V. © Wallstein Verlag, Germany 1998. Todos os direitos reservados. (e,d). Cortesia do arquivo fotográfico do Yad Vashem: (t,d). 102 © Alexandre Oler: conforme publicado em *Witness, Images of Auschwitz* com ilustrações de David Olère e texto de Alexandre Oler, 1998 WESTWIND PRESS (e,d). United States Holocaust Memorial Museum: cortesia do Archiwum Dokumentacji Mechanicznej (t). Cortesia do arquivo fotográfico do Yad Vashem: (t,d). 103 Corbis: Ira Nowinski (e,d). United States Holocaust Memorial Museum: coleção do Prof. Leopold Pfefferberg (t,esq); Comissão Principal para Investigação de Crimes de Guerra Nazistas (t,d); cortesia do Archiwum Panstwowego Muzeum na Majdanku (e,d). 104 akg-images: (c,d). © Alexandre Oler: conforme publicado em *Witness, Images of Auschwitz* com ilustrações de David Olère e texto de Alexandre Oler, 1998 WESTWIND PRESS (t,d). Coleção do Museu de Art Yad Vashem, Jerusalém: Zinovii Tolkatchev (1903-1977) Appell, Majdanek, 1944. Guache, carvão e *crayon* em papel. Doação de Sigmund A. Rolat, New York, em memória de seus pais, Henryk e Mania, que pereceram no Holocausto (c). Cortesia do arquivo fotográfico do Yad Vashem: (c,esq). 105 akg-images: (e,esq). © Licenciado por DACS, 2007 (e,d). Coleção do Museu de Arte Yad Vashem, Jerusalém: Pavel Fantl (1903-1945) *Metamorphosis*, gueto de Terezin, aquarela em papel. Doação do Comitê pela Documentação de Praga, cortesia de Alisa Shek, Caesarea. (t). Cortesia do arquivo fotográfico do Yad Vashem: (e,d); coleção de artefatos do Yad Vashem. Doação do Comitê pela

CRÉDITOS E AGRADECIMENTOS

Documentação de Praga, cortesia de Alisa Shek, Caesarea. (t). **Cortesia do arquivo fotográfico do Yad Vashem**: (e,d); coleção de artefatos do Yad Vashem. Doação do dr. Gideon N. Levy e família, Orselina, Suíça (c). **108 akg-images**: Michael Teller (t). **TopFoto**: (e). **109 akg-images**: Paul Springett. Museu e Memorial Auschwitz -Birkenau: (c,esq); Wladyslaw Siwek (t,esq). **United States Holocaust Memorial Museum**: cortesia de Frieda Fisz Greenspan (c,d); cortesia do Yad Vashem (e,d). **Alamy Images**: Michael Teller. **112 akg-images**: Ullstein Bild (e). **Judy Brody/Graphic Witness**: Mihaly Biro (t,d). **United States Holocaust Memorial Museum**: cortesia de Adalbert Feher (c,d). **113 Eszter Hargittai**: (e,esq). **Beth Hatefutsoth, Arquivo Fotográfico, Tel Aviv**: Arquivo Fotográfico Yad Vashem,Jerusalém (t,esq). Museu Nacional Húngaro, Coleção Histórica Fotográfica: (t,d). **United States Holocaust Memorial Museum**: cortesia do Magyar Nemzeti Muzeum Torteneti Fenykeptar (e,d). **114-115 Getty Images**: George Hales/Fox Photos. **116 Express Newspapers**: Strube (e,esq). **United States Holocaust Memorial Museum**: cortesia de Oesterreichische Gesellschaft fuer Zeitgeschichte (t). **117 akg-images**: Bildarchiv Pisarek (t,d). **United States Holocaust Memorial Museum**: cortesia da Biblioteca Dwight D. Eisenhower (e). **118 New York Times**: (e). **United States Holocaust Memorial Museum**: cortesia de Milton Koch (t,d). The David S. Wyman Institute for Holocaust Studies Washington D.C: (c,esq). **119 Bildarchiv Preußischer Kulturbesitz, Berlin**: (t,esq). Departamento de Imprensa do Governo: Fritz Cohen (t,d). **United States Holocaust Memorial Museum**: cortesia do Musée de la Resistance et de la Deportation (e,d); cortesia de Beit Hannah Senesh (c,esq). Cortesia do arquivo fotográfico do Yad Vashem: (e,esq). **120 Corbis**: Bettmann (e,esq). **Wiener Library**: (e,d). **121 United States Holocaust Memorial Museum**: cortesia de Sigmund Baum (t,esq); Museu Histórico Judaico da Iugoslávia (e,esq); cortesia de Gavra Mandil (e,d). **124 United States Holocaust Memorial Museum**: cortesia de Mert Bland (c,esq); cortesy de Hiroki Sugihara (e,d); cortesia de Thomas Veres, Foto de Thomas Veres. **124-125 Cortesia do arquivo fotográfico do Yad Vashem**: coleção de artefatos do Yad Vashem. Doação da família Pacifici, Itália (t). **125 Getty Images**: Hulton Archive (e). **United States Holocaust Memorial Museum**: coleção fotográfica de Leopold Page (e,esq). Cortesia do arquivo fotográfico do Yad Vashem: (t,d). **126-127 United States Holocaust Memorial Museum**: cortesia de Bep Meyer Zion. **130 Biblioteca do Estado Bávaro, Munique**: (t). Cortesia do arquivo fotográfico do Yad Vashem: (e). **131 akg-images**: (t,d) (br). **United States Holocaust Memorial Museum**: cortesia de Hanna Meyer-Moses (t,c); cortesia de Beatrice Muchman (t,esq). **132 American Jewish Archives**: (c). **Corbis**: Bettmann (e,d). **Science Photo Library**: Volker Steger (e,d). **133 British Pathé Ltd**: (e,d). **Corbis**: Bettmann (t). **United States Holocaust Memorial Museum**: cortesia de National Archives and Records Administration, College Park (c). **134 akg-images**: (e,esq); © Alexandra Szyk Bracie (t,esq). **134-135 © Beit Lohamei Haghetaot/Museu Casa dos Combatentes do Gueto**: família de Jacob Davidson. **135 © Beit Lohamei Haghetaot/Museu Casa dos Combatentes do Gueto**: (c,d,a); família de Jacob Davidson (e,d). **United States Holocaust Memorial Museum**: (c,d). Cortesia do arquivo fotográfico do Yad Vashem: (t,c). **136 © Alexandre Oler**: conforme publicado em *Witness, Images of Auschwitz* com ilustrações de David Olère e texto de Alexandre Oler, 1998 WESTWIND PRESS. **137 akg-images**: (c). **Florida Center for Instructional Technology**: (t). **United States Holocaust Memorial Museum**: (e,esq). Cortesia do arquivo fotográfico do Yad Vashem: (e,d). **138-139 United States Holocaust Memorial Museum**: cortesia de National Archives and Records Administration, College Park. **140 Imperial War Museum**: (c,d). **TopFoto**: (tl). **United States Holocaust Memorial Museum**: cortesia do Archiwum Panstwowego Muzeum na Majdanku. **141 akg-images**: Benno Gantner (e,esq); Ullstein Bild (e). **Corbis**: (d). **United States Holocaust Memorial Museum**: cortesia de Albert Abramson (t,d); cortesia de Seymour Schenkman (e,c). **144 akg-images**. **145 akg-images**: (e,esq) (e,d). (c) Canadian War Museum (CWM): (c,d). Coleção do Yad Vashem Art Museum, Jerusalém: Zinovii Tolkatchev (1903-1977) *A Mother and her Baby*, Auschwitz, 1945 Lápis sobre papel. Doação de Anel Tolkatcheva e Ilya Tolkatchev, Kiev (e,esq). **146-147 Getty Images**: Hulton Archive. **150 akg-images**: (t,d) (e,d). **United States Holocaust Memorial Museum**: cortesia do dr. Robert G. Waits (c). Cortesia do arquivo fotográfico do Yad Vashem: (e,esq). **151 akg-images**: Ullstein Bild (e,esq). **Corbis**: Bettmann (e,d); Coleção Hulton-Deutsch (e). **152 Coleção do Yad Vashem Art Museum, Jerusalém**: Yad Vashem Art Museum, doação de Sigmund A. Rolat, Nova York, em memória de seus pais, Henryk e Mania, que pereceram no Holocausto (c,d). **153 United States Holocaust Memorial Museum**: (c,esq); cortesia de George Kadish/Zvi Kadushin (c,d); cortesia de Leah Lahav (t); cortesia de Ruchana Medine White (e). **154 United States Holocaust Memorial Museum**: cortesia de George Kadish/Zvi Kadushin (e,esq); cortesia de Alice Lev (e); cortesia de Regina Gutman Speigel (e,esq). **154-155 United States Holocaust Memorial Museum**: cortesia de Chaia Libstug-Rosenblum (e). **155 United States Holocaust Memorial Museum**: cortesia de Inge Berner (t,d); cortesia de George Kadish/Zvi Kadushin (t,esq); cortesia de Diane Popowski (e,d); cortesia do Yivo Institute for Jewish Research (t,c). **156 Foto cortesia dos HIAS Archives**: (t,esq). **United States Holocaust Memorial Museum**: cortesia de Schaja e Pnina Klein (e,esq); cortesia de Bernard Marks (c). **157 Getty Images**: AFP (t); Time Life Pictures (e). **United States Holocaust Memorial Museum**: cortesia de Elinor Gabriel (e,d). **160-161 Corbis**: Michael S. Maur Sheil. **162 Fundo Tcheco Pergaminhos Memoriais**: (c,esq). **Getty Images**: (c); Olympic Museum/Allsport (t,d). **United States Holocaust Memorial Museum**: cortesia de Hadassah Bimko Rosensaft (e). **163 Getty Images**: Ralph Orlowski (e,esq). **Angela Gluck Wood**: (e,d). **164 © Beit Lohamei Haghetaot/Museu Casa dos Combatentes do Gueto**: (t,esq). Arquivos Centrais Sionistas, Jerusalém: (e). John C. Menszer: (c,d). **165 Corbis**: Henny Ray Abrams/Reuters (e,d). **Tamara Deuel**: (t,esq). **United States Holocaust Memorial Museum**: cortesia de Lilo Plaschkes (e,esq). Coleção do Yad Vashem Art Museum, Jerusalém: Yehuda Bacon (b.1929) *In Memory of the Czech Transport to the Gas Chambers*, 1945. Carvão em papel. Empréstimo do artista (t,d). **168 Alamy Images**: Popperfoto (e,esq). **Getty Images**: Time Life Pictures (t). **United States Holocaust Memorial Museum**: cortesia de National Archives and Records Administration, College Park (e,d). **169 Corbis**: Bettmann (t). **Getty Images**: Gjon Mili/Time & Life Pictures (e,esq). **Le Monde**: Plantu (e,d). **172 Corbis**: Bettmann (e,esq). **United States Holocaust Memorial Museum**: cortesia de National Archives and Records Administration, College Park (e,d). **172-173 akg-images**: licenciado por DACS, 2007 (t,c). **173 Corbis**: Bettmann (e,d). **Getty Images**: Timothy Clary/AFP (t,d). **United States Holocaust Memorial Museum**: Corbis-Bettmann (c,d); cortesia de Benjamin Ferencz (e,esq). **174 Angela Gluck Wood**: (t) (e,d). **175 akg-images**: Ullstein Bild (e,d). **Getty Images**: Piotr Malecki (e,esq). **Angela Gluck Wood**: (t). **Stan Kujawa**: Photographersdirect.com (e,c). **176 Corbis**: Reuters (t). **Angela Gluck Wood**: (c,e). **176-177 Corbis**: Fabrizio Bensch/Pool/EPA (e). **177 Alamy Images**: pbpgalleries (t,d). Holocaust Resource Center - Temple Judea of Manhasset: (e,d). **Dina Koren**: Photographersdirect.com (e,esq). **Empics Ltd**: Adam Butler/AP (e,d); Diether Endlicher/AP (e,esq); Mark Gilliland/AP (t). **183 Ação Reconciliação Serviço pela Paz, Berlim**: David Grodzki (c,esq). **Empics Ltd**: Elaine Thompson/AP (t,d). **Angela Gluck Wood**: (t,d). Coleção do Yad Vashem Art Museum, Jerusalém: Petr Ginz (1928-1944) *Moon Landscape*, 1942-1944 lápis em papel. Doação de Otto Ginz, Haifa (e). **184-185 akg-images**: Juergen Sorges

Imagens da capa: *Frente*. **PunchStock**: Stockbyte Platinum

Todas as outras imagens © Dorling Kindersley
Para maiores informações: www.dkimages.com

Agradecemos a Constance Novis pela revisão e a Hilary Bird pela indexação.

Nosso muito obrigado às seguintes pessoas do USC Shoah Foundation Institute: Douglas Greenberg, Professor de História e Diretor Executivo, Karen Jungblut, Diretora de Acesso ao Arquivo & Projetos Especiais e Kim Simon, Diretora de Parcerias & Programas Internacionais.

Obrigado também às pessoas cujos testemunhos apresentamos neste livro: Alexander Van Kollem, Aniela Ania Radek, Bernard Schuster, Claire Boren, Demetrius Dvoichenko-Markov, Diana Golden, Emma Mogilensky, Eric Richmond, Felicia Carmelly, Fred Baer, Fred Spiegel, Henry Greenblatt, Henry Oster, Jacob Sandbrand, Julia Lentini, Leon Bass, Leonie Hilton, Lola Putt, Mayer Schondorf, Michelle Cohen-Rodriguez, Peter Hersch, Peter Less, Renée Firestone, Rose Silberberg-Skier, Ruth Gruber, Sigi Hart, Thea Rumstein, Vera Eden, Vera Gissing e William Williams.

A editora gostaria também de agradecer às publicações abaixo. Todo esforço foi feito para contactar os detentores dos direitos, mas a editora agradece informações caso tenha ocorrido alguma omissão.
p18 *The Promised Land*, by Mary Antin (Penguin Books); p19 Adapted and abridged from *Chasing Shadows*, by Hugo Gryn with Naomi Gryn (Penguin Books) and from the documentary film *The Sabbath Bride*; p38 *The Holocaust, The Jewish Tragedy* by Sir Martin Gilbert (Harper Collins); p49 *Kristallnacht at the Dinslaken Orphanage* by YS Herz (Yad Vashem Studies, XI, 1976); p93 *Commandant of Auschwitz* by Rudolf Hoess (Wiedenfeld and Nicholson, a division of the Orion Publishing Group); p110 *If this is a Man*, by Primo Levi (Random House/Einaudi); p128 *The Diary of a Young Girl: The Definitive Edition*, by Anne Frank (Penguin Books/Random House); p129 *Salvaged Pages: Young Writer Diaries of the Holocaust*, edited by Alexandra Zapruder (Yale University Press). O editor agradece também a Sir Gilbert Martin, cujos mapas foram uma inspiração durante a produção deste livro.

CRÉDITOS E AGRADECIMENTOS